U0925289

《文史资料选辑》编委会

编　辑　部

文史資料選輯

全国政协文史和学习委员会 主办　中国政协文史馆 编

第一六四辑

中国文史出版社

图书在版编目（CIP）数据

文史资料选辑．第164辑／中国政协文史馆编．—北京：中国文史出版社，2013.12
ISBN 978-7-5034-4560-6

Ⅰ.①文… Ⅱ.①中… Ⅲ.①文史资料－中国 Ⅳ.①K250.6

中国版本图书馆CIP数据核字（2013）第298819号

责任编辑：王文运　　　装帧设计：王　琳　杨宁建

出版发行：中国文史出版社
社　　址：北京市西城区太平桥大街23号　　邮编：100811
电　　话：010－66173572　66168268　66192736（发行部）
传　　真：010－66192703
印　　装：北京温林源印刷有限公司　　邮编：102445
经　　销：全国新华书店
开　　本：787mm×1092mm　1/16
印　　张：14
字　　数：200千字
印　　数：7000册
版　　次：2014年1月北京第1版
印　　次：2014年1月第1次印刷
定　　价：30.00元

目 录

特稿

城市改革中的"第一个吃螃蟹者"

——重庆经济体制综合改革试点回忆

廖伯康*

20世纪80年代中期，在党中央、国务院直接领导下，重庆在全国首先进行大城市经济体制综合改革试点。这是在改革开放中国家的一项重大战略部署，其目的是为全国城市及工业改革探路。当时安徽和四川的农村改革经验已在全国推开，城市改革提上了党和国家的议事日程。重庆由于得天独厚的基础条件有幸成为"第一个吃螃蟹者"。

我直接参与了这项社会实践。这段人生经历我印象很深，20多年后还历历在目。趁现在身体尚好，脑子清楚，作一个回顾，供关心和研究党史和城市改革的同志参考。

半月内两次任命

1983年，我在中科院成都分院当副院长。春节刚过，四川省委书记杨汝岱把我叫去，宣布一项中央任命，由我出任成都市委书记。消息来得突然，我稍作思索后说："到成都任书记我没有思想准备，但组织决定

* 廖伯康，第七届全国政协委员。曾任中共四川省重庆市委副书记、书记，四川省第六届政协主席。

我服从。希望给我一周时间，让我通过非正式渠道摸一下成都市的干部情况，一旦宣布了，我就不容易听到真实情况了。”汝岱同志表示理解。一星期后，中央决定将温江并入成都，为了解温江干部情况，调研时间改为两周。

两周后，我去杨汝岱办公室，对他说：“现在可以宣布了。”杨汝岱却说：“你不去成都了，中央决定调你去重庆，担任市委副书记。”我再次感到突然。怎么会两周内两次任命，而且还没到任就改任？何况我与重庆还有不同寻常的关系。

我在重庆工作的时间比较长。1948 年上半年，因重庆地下党组织遭受严重破坏，我奉中共中央上海局之命，从上海带了一批党员和新青社社员回重庆，加强重庆学运，以后就待在重庆。新中国成立后一直从事共青团工作。1962 年，我担任重庆市委办公厅副主任兼共青团重庆市委书记。因为直接向中央反映四川极“左”造成的恶果而得罪了某些领导，我被打成“反党集团成员”，撤销党内外一切职务，留党察看两年，到重庆市第一建筑公司当混凝土工人。“文革”后期，担任重庆市建工局副局长。粉碎“四人帮”后，调到中科院成都分院。这是因为尽管我出来工作了，但政治上还留有尾巴，一些诬陷之辞并未彻底肃清，在重庆我不便于工作。现在不但要我回重庆，还要进入领导核心，我对到重庆好不好开展工作心里没底。

杨汝岱说：“对你的任命，实际上就是起到了清除影响的作用。”

想想他说的也有道理，况且组织已经作出决定，作为共产党员不应当讲条件，更主要的是从两次任命看，显然重庆的工作比成都的重要。杨汝岱要我最好第二天就走，说中央催得急，因为重庆马上要进行一项重大改革。薄一波带着 20 多位部长已经到了重庆，四川省领导刘西尧、何郝炬也带着 20 多位厅局长去了。中央、省、市三级都在一起搞方案，市委书记王谦年龄较大，身体不太好，需要有位熟悉重庆情况的同志协助他。

事后有人透露，我这次调动，是薄一波到重庆后根据重庆干部的推荐向中央作了反映，中央临时作出的决定。

1983年3月，我到了重庆。当时，薄一波及部分部长已经回京，搞方案的工作已近尾声。这项工作在党中央、国务院的直接领导下进行，就如何开展好这项工作，重庆方面与中央有关部门保持着密切的联系。

本来我同王谦说好，给我三个月时间摸情况，这三个月里我不公开讲话。结果我到重庆不足20天，市文联开一个会请市委领导出席，王谦约我一起去。会上，他带着一丝意味深长的笑意说：“今天我不讲话，给你们介绍一位新书记，许多同志认识他，他就是廖伯康同志。下面让伯康同志给我们讲几句！”台下哗哗鼓掌，我只好走上前台。这个小插曲从一个侧面也说明试点工作的紧迫性。

既然不得不亮相，我索性就放开讲。由于刚从中科院成都分院调出，我就从科学与文学的关系讲起。这是个新视点，符合潮流，结果赢来了热烈掌声。

为什么要搞城市改革试点

那时，重庆是四川省辖市，四川的改革在全国起步较早。

十一届三中全会前夕，时任四川省委主要领导随国务院总理华国锋出访东欧，所见所闻，感触很深。东欧各国由于处在全球经济发展的前卫地带，较早接触到第三次工业革命浪潮。在我国“文革”后期，他们就对“二战”后兴起的带有很重苏联色彩的社会主义经济运行模式进行了反思并着手改革。中国代表团访问时，南斯拉夫、罗马尼亚等国的改革已进行到一定程度，其核心是放权，让生产者同生产资料充分结合，促进生产力发展。因此，经济发展较快。

在归途中，四川省委主要领导向华国锋提出，让四川先行一步（那时还没有正式提出“改革开放”这个概念)。他想解决两个问题，一是激发农民特别是盆周山区贫困农民的生产积极性，发展生产，让山区贫困农民尽快解决温饱问题；二是给国企一定自主权，调动其生产积极性，提高效率和效益。华国锋同意四川搞点探索。当时，四川省委主要领导还要求把四川的军工企业就地下放，华国锋没有同意。

十一届三中全会后，改革开放成为主旋律，四川因为早有考虑，所以动得快、势头猛。改革首先在农村搞起来，自留地由每人 3 分增加到 7 分，这在全国是第一家。四川农业生产很快复苏，一度成了全国农村改革的样板之一。企业改革方面，先在重庆钢铁公司、成都无缝钢管厂等 6 家工业企业进行扩大经营自主权改革试点，以后又增加到 100 家，进而扩大到商业企业。工业和商业共有几百家企业搞扩权，效果不错，产值、利润都提高了。这个经验被逐步推广到全国。

而四川省自己并不太满意，因为这些改革仅限于企业，局限在“点”上，不能连成“片”，无法在一定区域内形成综合经济实力。正在这时，一位经济学家到了四川，他的观点启发了四川省委领导同志。此人叫刘明夫，是陈云的老部下，“文革”前就是国家计委副主任，复出后改行搞经济研究，担任中科院财贸所所长。

十一届三中全会提出要实现全党工作重心转移，为了研究、解决发展经济的诸多理论和实践问题，中央新建一个机构，叫中央财经委员会，由陈云挂帅。他“不唯书，不唯上，只唯实”，首先派出 7 个小组到各地调研。其中一个组由刘明夫带队到了四川，因为重庆搞扩权改革的企业较多，这是他们调研的重点。

刘明夫在“文革”中靠边站，已经多年没出来了，看了重庆他吓了一跳。在他的记忆中，重庆的区位很好，一头连大西南，一头连长江流域，历史上就是长江上游的经济中心。抗战期间是陪都，解放初是西南首府，其工业基础很强，抗战中集中了中国的主要骨干工业企业。新中国成立后，中央在“大三线”投入1200多个亿，其中1/3在四川，四川投资的重点在攀枝花和重庆。经过逐年积累，重庆的工业门类比较齐全，产能极强，其工业固定资产占四川1/5，占西南1/7，工业总产值占四川27%，占西南20%。但刘明夫当时看到的重庆，却是一副破破烂烂的样子：菜园坝火车站又脏又乱，全市还有450万平方米“抗战房”[①]，还在用晚清的机器，财政收入一年不足10亿元！向省里交6亿后，每年剩不了多少钱，维持简单再生产都捉襟见肘，基本上不能搞技术改造，很难扩大生产规模。

当然，刘明夫也清楚，10亿元的年财政收入并不能真实反映重庆的产能，因为还有一批大中型国企的产值和利润未能计算在内。这些企业属于“条条”（中央和省），其固定资产占了重庆工业“半壁河山”，这些国企生存于重庆社会，却游离于重庆体制之外；他们使用重庆的资源，但产生的价值基本与重庆无关。刘明夫感叹不已：“国际上都知道重庆是大工业城市，哪知道在体制内重庆被局限于一个较小的范围，只是四川省的一个地区，本质上与万县地区、涪陵地区没有区别。”

刘明夫在向四川省委汇报调研情况时，直言不讳地谈了自己的感受，提到了“城市是经济发展中心”的概念。他认为，城市是生产力最集中的地方，一个城市必须是一定区域的经济中心。城市有几个特殊功能，即经济的集散功能、吸引功能、辐射功能和服务功能，这是经济发展的客观规律。我们实行的分省制，起源于元朝，注重了政治和军事的作用，却忽略或抑制了城市在经济上的功能发挥，一定程度上阻碍了社会生产力发展。他主张对现行城市体制进行改革，让城市能打破条块界限，统一管理和协调企业，并由城市发展带动一定范围的区域经济发展，充分发挥城市在经济发展中的独特作用。

① “抗战房”：抗日战争期间重庆修建的一种非永久性简陋房屋。此类房屋适应战时急需，就地取材，一般为木结构，外墙与隔墙以竹篱作骨架，敷以黄泥、石灰。

四川省委主要领导非常赞同刘明夫的观点，省委其他成员也很受启发。四川省委主要领导极力支持刘明夫向中央汇报，同时萌动了先在四川按这个思路进行改革的念头。四川省委主要领导的想法是把省里的经济权力，包括在重庆的省管企业都给重庆，让重庆成为独立的经济单元，充分利用其特殊功能，加快发展速度，促进全省经济发展。

那时还有一个重要背景不能忽略。小平同志一直高度重视重庆在全川经济上的地位和作用。1954 年重庆划归四川省时，他特别叮嘱四川省最高领导李井泉“必须高度重视重庆”，要求李井泉“每年应有三分之一的时间到重庆工作”。1978 年视察四川时，小平同志指出，重庆的计划可以单列。作为改革开放的总设计师，他对重庆的态度，不可能不对四川省委主要领导的思路产生影响。

但四川省委主要领导真正从本质上认识重庆的地位和作用，还是刘明夫提出的“中心城市”观点。四川省委主要领导决心付诸实施。在他的推动下，四川省先后多次进行专题研究，打算赋予重庆更多的权力和职责，把农村改革成果引向城市和更加广泛的领域。但遇到的阻力不小。当时中央和四川在渝企业共有 137 个，分属中央的 22 个部和省里 24 个厅。一些省级行业管理机关舍不得自己的孩子被别人抱走，不赞成企业下放。有次开会研究企业下放问题，一位厅长借口上厕所，在楼道里偷偷给北京的主管机关打电话，声音压得很低地说：“你们赶快出面干预，不然省委领导就要（把企业）放下去了。”

但省委领导态度很坚决，坚持要放。就在这时，他奉调进京。临走前，他专门去了趟重庆，交接工作时特别交代四川省要继续给重庆放权。更重要的是他把“城市是经济发展中心”这个概念带到了中央，带到了国家“六五”计划中。国务院关于“六五”计划的报告强调：“要以经济比较发达的城市为中心，带动周围农村，统一组织生产和流通，逐步形成以城市为依托的各种规模和各种类型的经济区。”在六届全国人大一次会议上,《政府工作报告》更明确提出:"以城市为中心,根据经济发展的内在联系组织各种经济活动。"

由于城市比农村复杂得多,何况中国的改革是摸着石头过河,实践性很强,所以在酝酿"六五"计划时中央就有所考虑,要先进行城市改革试点。

为什么挑选重庆搞试点

"六五"计划公布后,尽管国务院主要领导看好重庆,但那时重庆还没有进入中央领导集体的视线。为了探索城市改革路子,国家体改委安排沙市、常州进行城市改革试点。主要因为这两个城市以轻纺工业为主,企业规模不大,国家体改委认为,即使改革失败,对国民经济大局也影响不大。

当时,四川大学一位教师致信国务院主要领导说,我国国有小企业有机构成低,人的作用大,可以扩大企业自主权;大企业有机构成高,人的作用小,对国民经济影响大,不宜扩大自主权。这封信既呼应了国家体改委先在中小城市进行试点的观点,同时也对四川进行的大中型国企扩权改革的前景提出质疑。国务院主要领导没有对信中观点明确表态,只将信转到国务院经济发展研究中心,让专家论证。这个"中心"直属国务院领导,其成员都是经济学家,由德高望重的薛暮桥担任总干事。学者们对信中观点反复讨论,结果多数人持否定态度。他们认为,大企业有机构成高,人的作用更大,对国民经济的影响也大,更应当扩大自主权,推动改革大局。但对于进一步怎么改,最后没有定论。

为了回答这个问题,有两位学者决定到首钢搞调研。这两位学者都是老革命,其中蒋一苇是川东地下党的老同志,曾与红岩英烈陈然共同办《挺进报》,"文革"后担任中科院工业经济研究所所长;另一位叫林凌,也是老地下党员，不过活动范围在北京，“文革”后任四川省社科院副院长，活跃在经济体制改革实践和经济理论研究第一线。一次偶然机会，蒋、林碰在一起，因观点相近而成为学术伙伴。他们有个共识，认为“摸着石头过河”的中国改革实践性极强，无法从上到下做好规划再搞，只能自下而上地冲，他们称为“撞击反射”。基于这个思路，他们很关注一线企业。

他们选择到首钢调研，缘于三个因素：第一，首钢是当时国家确定的八个试点企业之一；第二，当时首钢本身对改革有强烈要求；第三，林凌在解放初参加了对首钢的接管，并在那里当过工会主席，熟悉那里的情况，还有老战友在首钢。这最后一个条件很重要，因为他们到首钢的调研工作纯属学术行为，没有政府背景，需要人脉资源。

首钢欢迎他们，双方愉快合作了 40 天，形成了一个叫“上缴利润递增包干”的方案。这个方案的基本点是，以肯定国家对企业的所有权为前提，承认企业作为一个社会生产单位的相对独立性，允许企业在完成了国家下达的计划后自主进行商品生产，允许其在完成了国家下达的上缴指标后，将余下的利润自主用于技术改造和分配。现在回过头看，这个方案有很大的局限性，但当时却相当前卫：它在生产者同生产资料的结合上，较之以前跨进了一大步，对全国的国企改革具有重要的指导性意义。

方案出来后，两位学者敏锐地意识到，方案在操作上存在一些问题，比如方案中提出的部分扩大企业经营权和分配权肯定会引发企业主管部门不满，进而形成阻力；同时，实施这个方案离不开社会环境，因为生产资料供应及产品销售都得在社会中进行。于是他们提出了一个新的问题，就是深入进行大型国企改革，必须有一个相适应的外部环境，也就是说，要有企业所在地的城市改革与之配套。

他们把这个观点写进了调研报告，同时在报告上加了个附注：“我们认为选择一个像重庆这样的大城市进行试点很有必要。常州、沙市情况比较简单，重庆比较复杂，但正因为复杂，才能通过试点，探索一些解决复杂问题的途径，例如中央企业与地方企业如何纳入统一的经济体制，如何建立经济中心等问题，都只能在重庆这样的城市进行试点。”

蒋、林的调研报告于1982年4月14日脱稿。为了防止发生意外，他们越过首钢主管部门和北京市，直接把报告交到国务院副秘书长马洪手中，请马洪呈送国务院主要领导。马洪赞成蒋、林观点，随蒋、林报告附了一张纸条：“关于重庆是否也同沙市、常州一样，作为综合试点城市，也请考虑。”

四天后，国务院总理批示：“在重庆搞综合试点，原则同意。请体改委议一下。”再过一周，国务委员兼国家体改委常务副主任薄一波也作了重要批示。至此，重庆改革试点正式进入国家决策层视线，但不是最后定案，因为四川的态度和重庆的想法还未同中央对接。

蒋一苇和林凌觉得这已是很好的结果了，非常高兴。两人商量后立即南下，向重庆市委、市政府通报消息，并打算作进一步调研，搞一个符合重庆情况的可操作的方案。重庆市委、市政府当然欢迎，马上抽调人力，配合蒋、林工作。调研人员兵分三路：蒋一苇守北京，随时了解高层信息；一拨人赶赴沙市、常州，总结经验教训；林凌则留在重庆准备材料。

林凌在重庆会仙楼宾馆待了一个多月，拿出了一个报告。他在报告中首次使用了“中心城市”这个概念，意指大城市是众多周边小城市的中心，大城市带动小城市，小城市带动周边地区，从而形成一大片经济区。重庆是整个长江上游地区的经济中心。他认为，这是在3000多年历史演进中自然形成的。

对为什么选择重庆进行改革试点，调研报告除介绍重庆的区位优势和历史地位外，重点强调了五条理由：第一，强调了重庆经济关系的复杂性，认为搞好重庆市的改革，既可为全国经济体制改革提供可操作性经验，也有利于发挥国防工业的作用；第二，强调了重庆是改革最早、改革领域最广泛的城市之一，有很好的基础条件；第三，强调了邓小平等老一辈革命家对重庆的关怀和希望；第四，认为重庆是全国唯一不是省会的特大城市，容易在经济上同省里分开；第五，提出正因为重庆容易在经济上同省里分开，所以可以在重庆实行“点”内“试”，就是在操作时将“点”封闭起来，在“点”内打破常规，大胆试行一些特殊的体制和政策，在试验成功之前，其他城市不得仿效。这份调研报告通过特殊渠道，直接送达国务院主要领导和薄一波同志。

不久，党的十二大胜利召开，这是实行改革开放后第一个党代会。大会彻底纠正了“两个凡是”的错误，重新确立了实事求是的思想路线。在这次会议上，邓小平高屋建瓴地提出了“建设有中国特色的社会主义”新命题。中国改革开放在一个新的历史高度铿锵迈步。

十二大后，全国掀起“解放思想，更新观念，开创新局面”热潮，重庆市委、市政府按照十二大精神，拟定了一个实施综合改革试点的意见，送四川省委、省政府并转报党中央、国务院。

四川省委、省政府也在积极学习、贯彻十二大精神，当然支持重庆搞改革。之前一个月，刘西尧已作为省委代表，与先期到达重庆的国家体改委副主任安志文一道，同市委、市政府领导进行了多次沟通，达成了一些原则意见，重庆的上报方案就是围绕这些原则意见形成的。但真正收到重庆上报的方案后，省委还是很慎重，1983 年 1 月 6 日下午至 7 日上午，省委专门召开常委扩大会进行研究。参加扩大会议的有省委新老常委，省政府新老正副省长以及有关部、委、厅、局的负责同志。

省委第一书记谭启龙在会上回忆了一件往事。那是 1965 年他在山东当第一书记时，一天，毛泽东将他和江苏省委第一书记江渭清叫去漫谈，话题渐渐转到管理企业问题，江渭清建议省不管企业，统统由市管，毛泽东说好，然后问谭启龙的态度，谭启龙说除保留几个大企业外都可以下放。毛泽东批评道：“你思想不解放。”

谭启龙在省委扩大会上感叹：“（新中国成立）30多年来的经验证明，用行政办法管理经济是不行的，对经济的发展有很大的制约。”

省长鲁大东也肯定了重庆方案，只是强调要解决军工企业出路，他说：“试点必须解决这个问题，真正贯彻了军民结合（指军工企业生产民用产品），试点会搞得更好。”

三天后，即1983年1月10日，四川省委、省政府正式向党中央、国务院呈送报告，建议党中央、国务院尽快批准在重庆进行城市综合改革试点。

二十来天后，标注“秘密”的中国共产党中央委员会〔1983〕7号文件发到全国，标题是：“中共中央、国务院批准四川省委、省人民政府《关于在重庆市进行经济体制综合改革试点的意见》”。这份发至省军级的文件指出：“在重庆这样的大城市进行经济体制综合改革试点，是中共中央、国务院对当前我国正在进行的各项改革工作中的一项重要决策。认真搞好这个改革试点，对于进一步搞活和开发我国西南的经济，探索军工生产和民用生产相结合的新路子以及如何组织好以大城市为中心的经济区，都具有重要意义。”

7号文件明确要求：“要充分发挥重庆的经济和地理优势，打破现行的行政区划，打通重庆对海外的直接联系，加强重庆作为长江上游经济中心的地位和作用，提高社会经济效益，加快经济发展速度，逐步形成以重庆为依托的，工业、农业、交通运输业、内外贸易、科学技术、金融事业等综合发展的开放型经济区。”

《重庆方案》作为附件随同7号文件下发。《方案》提出改革试点主要在六个方面进行：

1. 发挥重庆资源和设备优势，不但满足自身发展需要，还要打破行政区划，促进重庆的钢铁、铝加工、烧碱等企业与川西、贵州地区的有关企业协作、联合，互通有无。

2. 发挥重庆机械工业优势，已有的机电产品进一步发展和提高，并不断搞好升级换代；同时，积极开发新的机电产品，更好地为各行各业的技术改造和提高经济效益服务。

3. 发挥重庆地区农业和已形成的轻纺工业优势，推进经济区内的农业现代化事业，保证农业得到更快的发展，并与周围地区广泛进行协作、联合，大力发展特色轻纺产品，供应市场。

4. 发挥重庆科技优势，把先进技术吸收进来，扩散出去，推进国防科技向民用转移，沿海和国外科技向内地转移，科研成果向生产领域转移。

5. 发挥重庆水陆交通枢纽作用，积极创造条件开辟重庆到沿海各城市和港澳等地的航线，进一步发挥重庆作为西南物资集散中心的作用，促进内外贸易大发展。

6. 发挥重庆常规兵器工业优势，积极为国防现代化作出贡献。

此外，中央还给了一些特殊政策，其中最重要的有四条：（1）同意重庆在计划体制、企业管理体制、流通体制、财政税收金融体制、劳动工资体制以及工资奖励制度上率先进行改革；（2）赋予重庆相当于省一级经济权力，国家对重庆实行计划单列；（3）原则上中央和省在渝企业下放市管；（4）扩大重庆面积，永川地区与重庆合并，实行市带县体制。这些带有突破性质的政策，为重庆的改革提供了广阔的创新空间，实际上是为重庆搭了一个特殊平台。

7 号文件下发不久，国务院办公厅又专门发了一个文件，明确要求中央和国家有关部门大力支持重庆改革，主管全国体改工作的国务委员薄一波也在京召集部分中直机关负责同志开会，动员各单位拿出实际行动支持重庆。这个会是春节前开的。节后，薄老就率领几十位同志到重庆，督促落实。四川省委刘西尧带的几十人也到了重庆，加上重庆党政主要领导以及政府各职能部门负责人，中央、省、市三级，总共一二百人，在薄老直接领导下，关起门搞了一个多月，反复酝酿，想得很细，24 个政府职能部门各有一套独立的操作方案，所有文本摞起来足有半人高。

按照薄老在潘家坪招待所作动员时的说法，十二大后，中央在改革开放上重点抓了三个点：“以上海为中心，搞长江三角洲的经济区规划，两省一市合起来搞，既不是以条条为主，也不是以块块为主，而是以发展经济为主；山西搞煤炭和重工业基地；重庆搞经济体制综合改革试点。”由此可见，重庆改革试点是全国大棋盘中的一枚重要棋子，是贯彻、落实十二大精神的重要战略行动。在中央的重视与直接关怀下，重庆站在了全国城市改革的前头。

头绪纷繁的开局

重庆的改革试点从一开始就受到全国，尤其各大中城市关注，在薄老指导下搞方案的工作刚刚告一段落，全国各地就纷纷来渝参观。我这年（1983 年）3 月调重庆，到任后就承担了许多接待任务。当时来访的很多，有时一天就好几批。市里几大招待所的床位一度非常紧张。外地同志来，重点想了解重庆在试点中得到了什么特殊政策，重庆打算怎样落实这些政策。我们如实地把在薄一波领导下搞的方案给他们看。也只能如此，因为试点工作才刚刚启动，什么都没干成，拿不出别的给他们。他们也满意。后来，李长春在沈阳搞《破产法》，就是参考了我们的一个方案。那段时间市里的工作非常忙，一边要接待各地客人，一边又要面对诸多棘手问题，其中最难办的是地、市合并。

让永川地区合到重庆，中央意图是探索城市带农村的新路子，在整个改革试点中这尽管只是条副线，但也很重要，我们的态度是积极、慎重的。合并后，永川作为哪一级行政区划存在？中央没有明确，要我们拿主意。我们一度打算将永川地区改为“永川市”，仍辖原所属县，转念一想，市管市再管县似乎于逻辑不顺，也不见先例（那时温州模式没出来），于是，才决定撤销原永川专区一级建制，其所属县由重庆直管。这样一来，就有个永川地级机关干部的安排问题，而人事问题历来最复杂。

我们的基本想法是永川干部成建制与重庆市级机关干部合二为一，对口同级安排，量才录用，人尽其才，谁强谁当“一把手”，弱的当“二把手”，再弱的就进不了班子。从理论上讲这没错，但操作起来不容易。打招呼的很多。因我是当地人，打招呼的主要找我，包括一些省里的老领导，我有时一天要接好几个这类电话。王谦从外省调来没几年，原是省委第一书记，资格老，人家一般不找他。

为了量才公道，王谦和我分工，我在一线，谁打来电话我都打哈哈，都应承，然后往他身上一推：“这个事呀，我给王谦同志说过了，人家是书记，大主意还得他拿呀。”做出很无奈的样子。王谦则一副黑包公脸色，不哼不哈。于是乎，不了了之。4 个多月下来，各部门干部基本上高高兴兴到位。

安排了工作还得安排生活，市里抓紧盖了四幢宿舍楼，重庆同志一律不沾边（那时重庆市级机关干部住房条件也不好，有一批无房户，市委做工作要他们顾全大局），全部分给永川同志。还不够，就专门安排车辆，在重庆主城与永川城区之间开交通车，周一来，周六回，一开就是两年多。

在处理地、市合并事务时，改革试点的思想动员工作也在高调进行。那时社会舆论环境非常好，有关城市改革和发展的报道及理论文章频繁见诸传媒，百花齐放，对我们启发很大。林凌作为项目参与者和倡议者，也写了篇导引性文章，从理论层面深入剖析城市在经济发展中的地位和作用，同时透露了选择重庆进行试点的高层背景。经过我们协调，这篇文章由《四川日报》和《重庆日报》相约在同一天发表，并且都发在显要位置。文章发表后社会反应强烈。在重庆主要表现为全市干部、群众对自己生活、工作的城市刮目相看了，有了使命感和自豪感。那时，各个单位都在谈解放思想、更新观念，摩拳擦掌，准备大干一场。但从各种渠道反馈的情况看，也有一些不好的思想认识在悄然滋生，其中最主要的是一种扬眉吐气的情绪，似乎孩子长大了，终于挣脱了爹娘的约束。在那些日子里，重庆人谈得最多的是“副省级”。其次就是对省里的怨尤。在实行改革试点中，重庆与四川的行政隶属关系不变，并且重庆还在四川电网用电。而四川那时面临的困难很多，在所有地、市、州中，重庆最富，改革试点前四川每年上交中央财政 10 个亿，其中重庆就负担了 6 个亿，尽管重庆单列后中央削减了四川的上缴任务，但相对而言，四川的负担是加重了，何况“甘、阿、凉”（甘孜州、阿坝州、凉山州）和“涪、万、达”（涪陵地区、万县地区、达县地区）都需要省里拿钱扶持。所以，省里遇到困难总是先顾自己的“穷孩子”，比如一旦电力吃紧，省里就拉重庆的闸，一度重庆只能“停三保四”。现代工业一旦无电那是啥滋味？重庆骂娘的都有。

无论“扬眉吐气”还是“怨天尤人”，都不是对待改革的正确态度，就那点资源，生产力水平就那样子，家家有本难念的经，这能怪谁？出路只能是改革，只有把劲使在改革开放上，通过改革求发展才是最终出路。

为了让市里干部理清改革思路，薄一波以及各部委领导走后，市里专门召开了市委扩大会议，传达、学习、领会中央的战略意图，同时布置各单位遵照中央文件精神搞调研、提方案。到了 5 月下旬，针对越来越重的傲气和独立意识，市里又召开干部大会，王谦在讲话中直截了当打招呼：“一般谈到经济体制改革，最感兴趣的就是两条，一是计划单列，二是给重庆以相当于省一级的经济管理权力。这两条只是条件，而不是目的。”我讲得委婉点，我说：“春秋战国时五霸七雄，都想成为中心。能最终成为中心的人都是目光远大、心胸开阔者。因此要想成为中心，必须要使自己具有向心力。要‘四海归心’，就必须照顾到各方面的利益，必须联合各方面的力量。”这话我是听省委刘西尧讲的，我觉得有道理，就转述给大家。末了，我告诫大家：“重庆必须克服‘老大’思想，‘老大’的结果，叫老大徒伤悲。”我还说：“把重庆建成开放性城市就必须外联内靠，‘内靠’靠什么？就靠四川、靠大西南。没有这个大市场，重庆发展不起来。”我希望重庆的干部要顺应时势，调整立足点，构建新的价值体系。

6 月下旬，我们再加一把火，召开了“全市体制改革理论研讨会”。市委、市府领导和各部门主要负责人都到了，还到了两位特殊人物：蒋一苇、林凌，他们与会身份是“重庆市顾问”。

为了开拓视野，也为了能随时聆教，改革试点中，市委、市政府在全国聘请了 10 多位顾问，全是国内经济理论界知名学者、专家，除蒋一苇、林凌外，也包括薛暮桥、袁宝华等重量级人物。市领导不只随时请教，每年还在北京开一次会，当面向顾问们汇报试点进度以及面临的困惑，顾问

1983 年 7 月，中共重庆市第五次代表大会召开，对重庆的改革开放作出了总体部署，发出“坚决而有秩序地进行经济体制综合改革”的号召

们则有针对性地出些主意，引导试点工作不断有所突破，效果相当不错。

6月下旬的理论研讨会开了三天，蒋一苇、林凌以顾问身份分别用半天时间作了专题报告。蒋一苇讲的是“建设中心城市的战略思想”，他从五个方面阐述了进行城市经济体制改革的理论原则、战略思想以及改革的方针和重点。林凌则在操作层面切入，就重庆试点改革的目的和意义、需要处理好的关系以及要达到的目标，作了全面、深入的阐述。

无论蒋一苇还是林凌，都再三强调要解放思想，发展生产力，蒋一苇提醒大家：“中心不能自封，也不能他封。”林凌说得更明白：“经济实力是打破现行体制所造成封锁的最有力武器。有了实力，就有了向周边地区渗透的力量。”言下之意，重庆要当好长江上游的经济中心，得靠实力说话。

理论研讨会开得十分热闹。那时候刚刚完成拨乱反正，确立了以经济建设为中心的思路，开始对价值规律和经济规律有了认识，全社会思维特别活跃，加上又是关起门说重庆，说改革，没有框框，所以大家什么都敢讲，话题放得很开，真正是畅所欲言。

三天下来，方方面面的事情和问题都说到了，大家冷静了许多，开始真正意识到改革试点不是一个简单的利益格局调整，而是一个大的并且很具体的系统工程，其中大大小小的分支系统之间以各种关系纵横联系，随时发生着复杂的交叉效应和撞击效应，每方面改革都不孤立，牵动着另一些问题和矛盾，环环相扣，盘根错节，改革试点一方面使重庆获得巨大的发展空间，另一方面也让各种新的挑战朝着重庆扑面而来。有人感叹：“这真是一盘错综复杂的棋，是一盘很不好下、很难下好，而又必须把它下下去、必须把它下好的棋。”

我赞成这种归纳，以后我多次在不同场合引用这句话，甚至多少年后还在说。但在理论研讨会结束时，市委安排我作总结，我还是以鼓劲为主，我说：“路是人走出来的，不举足的人永远没有路走。”

大胆的城市改革

对改革试点工作，我认为归纳起来就是做好两件事、达到一个目的。这两件事一是把城市搞好，二是把企业搞活，从而达到发展生产力，恢复并增强城市实力，带动区域经济发展的目的。整个改革试点工作我们就是围绕这几个方面在进行。

为了搞好城市，我们主要做了两方面工作，一方面大规模进行基础设施建设，完善和提档城市功能，夯实“硬件”；另一方面，冲破体制藩篱，转变政府职能，实行政、企分开，升级“软件”。

关于基础设施建设，在改革试点中，重庆有两个好条件：一是计划单列，可以直接向中央申请立项；二是手里有了钱，有能力搞建设了。

在潘家坪招待所酝酿试点方案时，计委这个组讨论很热烈。四川省计委副主任辛文[①]和重庆市计委的同志交换意见，谈及刚开征的能源交通基金地方分成问题时，辛文说：“算了，都留给重庆。”

辛文副主任这句话，带给重庆一片光明。因为以后随着经济增长，重庆能交基金大幅度增加，上缴中央以后地方留成的钱每年有六七千万。地方财政收入增长也很快。有了这些钱，加上中央的大力支持，以及改革激发的干劲，重庆在改革试点中陆续上了好些大项目，许多谈了多年，甚至以前想都不敢想的项目相继落实，比如，珞璜电厂项目、江北国际机场项目、程控电话项目、成渝高速公路项目等等，都是那时定下来的。

这些项目落户重庆，李鹏、朱镕基、宋平（当时任国家计委主任）等起了很大推动作用。市政府也作了许多努力，几乎每个项目都是市领导亲自跑下来的。

---

① 当时辛文任四川省计委主持工作的副主任，主任由副省长何郝炬兼任。

只用了短短几年时间，重庆城市基础设施建设就实现了历史性转折。改革前，全市基础设施建设投资年均3个亿，而改革试点中达到年均20—30个亿。于是城市基础条件显著改善，房子高了，公路宽了，起落的飞机大了，凌空飞渡的桥多了，居民用上了天然气，许多人不出门就能打长途电话，停水、停电的时间少多了……

在城市面貌迅速发生变化的同时，重庆的“软件”建设也走在全国排头。原来的经济体制过多强调行政手段，其最大弊端一是统得过死，二是吃大锅饭，归根结底是违背市场规律。为此，城市改革这一块，我们主要是引入市场机制，按照经济规律调整政府职能，实行政企分开。调整后最大的变化是，市政府下属的69个行政性公司被撤并，新形成的41个公司和15家总厂从行政管理体系中剥离出来，不再行使行政职权，公司从事服务，总厂从事生产，一律推入市场；而原是市政府组成部门的煤管局和机械局则试行行业管理，探索“小政府，大社会”体制。为了加强体制改革工作，市里专门设立了体改委，由市委、市政府双重领导，配备了最强的干部，由市顾委副主任马力执掌帅印，常务副主任王竹也是一员猛将，早些年就以敢说敢为颇有口碑。

市委政策研究室的工作重心也转到改革上来，与市体改委协同作战。这两支队伍分头下去搞调研，回来一起分析研究，先后收集了很多资料，国内外的都有，拿出了15套方案，很有成效。这些方案使市委的改革理念和思路更加具体化，也更有操作性，其中效果特别显著的是口岸建设和流通体制改革。

重庆原本是西南地区最早拥有海关机构的城市，在长江流域也是最早开埠的五个城市之一。但这种自然选择一度被人为破坏，海关机构按行政区划设立，重庆海关归省里管，工作与当地经济社会发展难相呼应。那时重庆只有国内支线机场，天空对国际社会基本上是封闭的。进出口贸易量很小，当时全国对外贸易的主要窗口是广州交易会，而在年年热闹非凡的广交会上，重庆没有展台，因为那也是按行政级别分配的，作为省辖市的重庆没这个资格。凡此种种，重庆很难发挥其自然地理优势以及中心城市的吸纳和辐射功能。

在改革试点中，调整了海关体制和外贸体制，重庆海关由国家海关总署和重庆市政府双重领导，商检和疫检机构也配套到位；重庆有了独立的进出口权，广交会上有了单独的重庆展区。加上机场建设以及公路、铁路运输条件的改善，重庆的口岸功能逐渐增强。但水上运输不尽如人意，而这一点恰恰又很重要，因为那时我国进出口物资 90% 以上走水运，重庆又是因水而兴的城市，一定程度上讲，没有水运，重庆的区域经济中心地位就缺乏支撑点。于是在考虑改革试点方案时，重庆市就想动港口体制和水运体制。

水运本是重庆最大的自然优势，两江环护，一线通海，资源难求。然而在旧体制下，这个天然优势也被条块分割、部门所有弄得支离破碎，重庆上游的船队只能到宜昌，不能到武汉，在关卡林立的封闭环境中，川江没有多少船跑。1982 年，胡耀邦溯江而上到重庆，还在途中，他就尖锐地问："滔滔长江，何时能百舸争流？"

1984 年初，胡耀邦到贵州，在那里更加意识到问题的严重程度。贵州有煤卖不出，江苏缺煤买不到，他让贵州挖煤卖给江苏，变资源优势为经济优势，贵州说只有走水运才划算，但贵州只有小河船，到长江得换驳，换驳就得有码头，而重庆码头不让贵州船靠泊。言下之意，不是贵州煤不愿顺江而下，而是前行路上障碍重重。

重庆码头源自春秋战国时期，南来北往的船只自由进出，这才为重庆聚合起人流、物流和信息流，重庆因此逐渐兴盛，才有了在长江上游特殊的地位和作用。改革试点前，重庆港已经很具规模，其九龙坡作业区不但拥有当时全国最大的内河浮吊，还同铁路联了网，这在全国山区河流码头中很少见。遗憾的是，重庆众多码头分属中央、省和市，各主管单位画地为牢，谁家的码头只为谁家的船舶服务。压港压船成为一种顽症。而另一面，码头又因为任务不饱和而效益低下。长航重庆港务局那时年年亏损，动辄一年就亏几百万。

“部门所有”像乌云般屏蔽了码头的社会属性，这就是问题之所在。在薄老指导下研究试点方案时，重庆向中央要来了港口管理权，然后就对重庆港进行政企分开的改革。将所有码头统统从原航运公司及相关机构剥离出来，组建具有独立法人资格的港务公司，直接面对社会和市场，港口管理局则代表市政府行使行业管理职权，不再参与具体经营事务。

这一步棋，牵动了重庆港乃至川江航运重新洗牌。码头同众多航运企业之间形成了新的供需关系，在市场机制推动下，生产潜力充分发挥，于是重庆港和川江航运出现新的繁荣。重庆得到的好处是水上大门更加敞开，口岸功能迅速回归。对这项改革及其成效，市里比较满意。

但有一点我们事前没有想到，它竟然引发了全国交通运输业的大震荡。那时，全国所有运输枢纽站，包括航空、铁路和公路，都是站、运合一。重庆港率先实施港航分开、政企分开，立即在全国产生了多米诺骨牌效应，所有运输场站马上就有了立脚不稳的感觉。重庆港改革甫一启动，各地观摩者就纷至沓来，在好几年里，重庆港都是全国交通运输体制改革的一个样板。

1984 年 4 月，国务院总理到重庆调研。重庆的改革试点从酝酿到推行，一直受到总理的关注。一年过去了，中央的决策是否落实，到底有没有成效？总理说：“不亲眼看看我不放心。”他到朝天门实地查看后，高度评价重庆港体改模式。

以后，他走到哪里都推广重庆港模式，只要当地政府提出要港口，他都点头。他答应天津市长李瑞环下放天津港。尔后，就去了辽宁。辽宁正谋划开发辽东半岛，进而建设环渤海湾经济圈，那也是个大手笔改革方案。大连市长找个机会向总理提出要大连港，总理当场应允，吩咐秘书通知交通部办理。这里交通部还在做天津港的下放方案，交通部长就接到总理秘书从大连打来的电话，部长搁下电话叹口气：“看来我们步子迈小了哇。”几天后部长就痛下决心，宣布全国港口不论大小都按重庆港模式改革，实行港航分开、政企分开，就连当时规模居世界第四的上海港也不例外。再过几年，这股飓风相继登陆公路、民航和铁路，大小运输场站纷纷脱离运输企业，独立运行。此是后话。

1984 年那次向国务院总理汇报改革工作，照说该“一把手”王谦讲，但王谦有意把我推到第一线，他让我主讲，我不敢僭越，王谦就说：“老廖，你可怜可怜我这个老头吧，我都 67 岁了，一开夜车脑子就不行了。”话说到这份上，我只好上了。面对总理，我说：“唉呀，今天是新兵上阵，老将观阵。”总理就笑，在轻松的氛围中，我先归纳后举例讲了八个关于改革出效益的观点，其中谈到有些改革是可以不花钱就能出效益的，总理要我说具体点，我就讲了重庆港。重庆港实行港航分开、政企分开后，码头对所有船舶开放，效率一下就上去了。人还是那些人，设施还是那些设施。改革前，重庆港务局已连续亏损 19 年，累计亏损额高达 4470 万。改革那年，原计划再亏 280 万，结果却是盈利 102 万。总理听了，很感兴趣。

我所说的那些改革出效益的观点，其中有三个都属于城市改革，除了港口管理体制改革外，还有市带县体制改革出效益、流通体制改革出效益。

流通体制改革当时在全国也很有影响。重庆在西南地区最早开埠，数千年历史兴衰中有一条清晰的轨迹，那就是由交通带动流通，再由流通带动城市工商业。流通是重庆城市经济链条中一个承上启下的重要环节。市委、市政府自然看重流通体制改革，为此，提出了扩大流通，搞活流通，建设大西南商贸中心的口号。这项改革的核心是打破长期形成的计划经济格局，把市场机制引入流通领域，搅活“一池春水”。这项改革涉及面大，同时在五个方面进行。

其一，改革商业体制。传统计划经济将商业批发也按行政层级进行，中商部直属公司为一级批发，省级公司为二级批发，区县是三级批发，然后才是零售。每件商品从工厂出来，经过多个中间环节，然后才蹒跚抵达消费终端。这样做人为地拉长了商品在市场的旅程，降低了资本循环效率，增大了消费成本，同时还造成经营机构重叠。改革试点前，有 14 家省属商业二级批发站设在重庆，而重庆自身也有 10 多家业务范围相同的商业公司，省、市国营商业企业同处一城同咏一曲，但旋律各不相同，甚至不时互为干扰，结果反而众人拾柴火不旺。

我们抓住省属企业下放的机会，对骨干商业企业进行资源重组。办法是打破条块分割，实行站（原省属二级批发站）、司（原本地批发公司）合二为一，然后按经营类别设置专业批发经营部，我们称之为“划细拉通”。市政府专门拿出朝天门码头附近的一幢仓库大楼，改造成有形市场，让各专业批发经营部进场公平竞争，这个有形市场对外挂牌叫“重庆工业品贸易中心”。各专业批发经营站在“中心”直接面对零售商甚至终端客户，相互可以根据市场行情讨价还价。市属各区县照此办理，也相继建了 70 多个各种规模的工业品贸易中心和农副产品贸易中心。于是，以朝天门这个大“中心”为龙头，以区县的 70 多个小“中心”为支点，形成了新的重庆商业批发主渠道架构。重庆商业至此华丽转身，走上一条全新的发展之路。应该说现在天天人头攒动的朝天门商品市场就萌芽于斯。当时，朝天门的“工贸中心”全国闻名，不但是全市的批发市场，也对周边地区具有很强的吸引力，云、贵、川、鄂、湘都来了，“工贸中心”开业第一年，重庆工业销售额就上升 13.11%。

其二，调整生产与流通关系。过去生产和流通分别听命于各自的主管部门，生产的只管“产”，产品国家包销；商店只管“销”，给你什么就卖什么，卖不掉的商品就堆在仓库，没人责怪你。针对这种产销脱节问题，我们打破行业壁垒，让“产”、“销”联手，共同应对市场。联手的方式也灵活，只要双方谈得拢就干，市里不定框框。比如，纺织工厂同商业针纺公司（站）联营，搞了“全年商业定购承包，工厂定额补贴经销基金”；工业五金公司同商业五金公司（站）联营，搞了“产销联合安排，依靠商业主渠道销售，遇事共同协商”；电扇生产企业同商业交电公司（站）联营，搞了“按成本收购，联合销售，利润分成，淡季贴息”；重庆铝制品厂同商业百货公司（站）联营，搞了“利益均沾，风险共担”；等等。各种各样的联营，全市先后组建了几十个，包括工商联营、商商联营以及农工商联营。通过联营，把商业的市场触角嫁接到生产单位，生产第一线根据市场反馈，调整、组织生产，其生产目的性和针对性显著增强，效益自然就好。改革第一年，重庆电扇厂就增加了 30% 销量。商业企业也大大减少了库存积压，仅 1984 年，全市商业库存量就减少 20%。消费者也在新机制中得到实惠，因为少了中间环节，商品成本降低，价格也下来了。

其三，改革流通环节的所有制构成。重庆商业一直有个口号，叫“人民商业为人民”。为了这个“为人民”，有关方面多年来绞尽脑汁，想方设法提高服务质量，增加服务网点，效果却总不如人意，不断有群众抱怨商业网点少或者网点布局不合理，买东西不方便。商业部门对应的办法就是经常组织送货下乡活动，有时规模也不可谓不大，动不动就几十辆大卡车，载着各种日用百货，一路敲锣打鼓，浩浩荡荡，乡镇居民和农民扎起彩楼夹道欢迎，赞美之词不绝于耳，但活动一过，一切如旧，边远地区和山区群众还是买东西难。

我们打破传统格局，鼓励国营、集体、个体一起上，国营为主干，集体和个体拾遗补缺，实施“人民商业人民办，办好商业为人民”。社会资源被极大程度地调动起来。当年就上了 10 多万城乡个体商贩，全市商业生产力布局因此发生了历史性变化，集体和个体商业异军突起，其网点在全市商业门面总数中占到 70%，其从业人员在全市商业领域中占到 42.8%，其营业额占全市商业零售额的 28%。到第二年，集体和个体商业从业人员数和营业额几乎再翻一番。财政未花一分钱，多年的顽症就迎刃而解。

其四，推行灵活的价格政策。价格是个敏感问题，我们没有绕道走，而是大胆突破统购统销“围城”，将市场机制引入价格体系，推行灵活的价格政策。由于社会大环境限制，当时还不能做到价格全部放开，主要做的就是允许1000多种小商品随行就市、计划外超产的生产资料议价销售，农副产品除粮、油外则逐步放开价格。尽管如此，价格在市场的杠杆作用，已经显露出来。

其五，大力发展进出口贸易。有了独立的进出口权，口岸设施更加完善，市属外贸企业就有了大展鸿图的条件。第一年就同36个国家和地区建立了直接的外贸关系，第二年更多，出口商品收购总值达到5.75亿元人民币，引进技术、设备和利用外资签约1.8亿美元，全市进出口贸易以及对外开放出现了前所未有的好局面。

不否认上述举措带有阶段性和局限性，放在今天算不得什么，但在那时却真的在全国独领风骚，其中有好几个“全国之最”。比如，“工业品贸易中心”，当时全国唯此一家。再比如，各种形式的产销联营也是在全国首开先河，那时“重庆长江农工商联合公司”在全国牌子很响，经常有外地的上门参观。而鼓励多种经济成分一起上，实行多渠道流通，更是触及所有制形式，站到了姓“资”、姓“社”的边缘了，在刚刚完成拨乱反正，纠正了“两个凡是”的时候，这样干是需要很大胆识的。

热闹的企业改革

企业改革是试点半年后开始的。相对于城市改革，企业改革难度更大，风险更大，头绪更多。但我们没有因为困难而退缩。企业改革一启动就大胆通天。事情发生在1983年国庆第二天，王谦和我联名写信，直呈总理。

半年来，驻渝中央和省属企业陆续下放，重庆经济部门笑声不断。原市属工业企业 600 余家，固定资产原值总共才 31 个亿冒点头，而接收的 130 多家下放企业，其固定资产原值就将近 26 个亿，几乎一半对一半，重庆对这些高科技集聚和人才集聚的骨干企业眼馋了几十年，如今梦想成真，能不高兴？当然，重庆不会只是偷着乐，随着这批企业下放，市委、市政府关于打破常规，搞活企业，增强城市实力的工作迈出了实质性步子，但一旦零距离接触，我们发现情况非常严峻。

无论原市属企业还是下放企业都有些年头，这些企业有个共同特点：欠账多。原市属工业企业情况尤甚，设备陈旧、工艺落后、厂房破烂成了它们一道独特“风景线”。在全市轻纺业中举足轻重的重棉一厂，乍看，1000 多台织布机、64000 多纱锭、5000 多职工，不可谓不辉煌，但仔细了解后有些情况让人匪夷所思，他们许多厂房竟还是抗战时期的简易结构！为了工人安全，有的车间专门派人瞭望，发现险情就吹哨子，工人听到哨音赶快跑。而全国赫赫有名的老企业重庆钢铁公司，正在用的轧钢机中，竟然还有文物级的清朝张之洞时代的外国产品，放在发达地区，这些老牙货早进了博物馆。

问题还是出在体制，企业在老体制中无力自我改造。从新中国成立到十一届三中全会，30 年间全市轻纺行业共上缴税利 21.35 亿元，而同期得到的投资只有 1.35 亿元。那时实行收支两条线，企业一只手上交利润，另一只手又伸着要钱，所有开销都得上级拨付。有这样一个让人哭笑不得的事情：有家大型工厂，其生产的精密机床曾多次在国际博览会展出，有一定国际知名度。有次外宾来厂里参观，有位客人想上厕所，他非马桶不用，可厂里却只有蹲坑，场面一度尴尬。幸亏厂办主任灵活，让小车司机飞车送客人去了小泉宾馆。那时小泉宾馆是定点涉外宾馆，有的房间安了抽水马桶。这一趟，汽车来回跑了十几公里。厂长一脸难堪地向外事部门陪同人员解释：“原来计划修个有抽水马桶的厕所，报告打了几次，始终没有批文。”

还说那个重棉一厂，1983年计划利润近500万元，除去上缴，尚余60多万元，这笔钱得支付政策规定的国库券、国家能源集资、省统筹建厂集资等等，最后厂里不但落不下一分钱，反而负债21万元！哪还谈得上技术改造？企业即使有心负债搞改造，银行也不会轻易接招，因为那时原市属国营工业企业贷款欠账已达2.8个亿，按约定当年应还贷1.3个亿，而实际还款能力却不超过0.6亿元。没有还款能力银行当然不愿贷款给你。

旧体制使重庆企业和在渝的中央及省属企业陷于不能自拔的境地。面对企业困难，市委、市政府几乎无计可施，因为我们只得到改革授权并没得到资金支持，况且全市企业大规模技术改造的巨额资金也不是短时间就能筹集来的，而改革是需要成本的。于是，权衡再三，经过市委集体讨论后，有了前述那封信。我们在信中请求国家给政策，以便对企业进行技术改造，使其恢复活力。在信的末尾，王谦书记和我分别签上自己的名字。

我们在信中要两个政策。一是从当年起三年内，用减税的办法，每年从全市工业企业销售额中提取1%，专项用于技改。粗算下来，每年约可得4400万元。二是贷款，涉及两方面：一方面，对市属轻纺行业在1981年特大洪灾中所发生的恢复生产性贷款，允许首先用实现利润还贷，不足部分再申请减免税金，并给予无息或低息照顾；另一方面，对企业结合危房改造及迁建的技改贷款，允许用改造后增长的利润、折旧、税金来还贷，利息从低，并延长还贷期三至五年。初步匡算，这两项政策基本上能满足124项技改项目的资金需求，这些项目每年可增加39个亿的产能，国家的让利仅用三年即可全部收回。我们在信中用了句老话：“舍得金弹子，打得凤凰来。”

国务院领导很重视我们的意见。三天后，总理批示就到了国务委员张劲夫手中。总理强调：“重庆应适当予以支持”，并要张劲夫“约经委、财政、体改委一议”提出解决方案。两周后，张劲夫请来田纪云以及相关部门负责同志，就我们的建议进行专题研究。田纪云曾任四川省财政厅长，1981 年调到北京，那时任国务院副总理兼国务院秘书长，还是中央财经领导小组负责人，对重庆对财经，他既熟悉又有发言权，所以张劲夫特别邀请他参加。

与会者都表示支持重庆的改革试点，但毕竟站的角度不同，他们在关照重庆的同时，还得统揽全国大局，所以，他们用另一种方法拼“七巧板”。他们拟定了几项特殊政策，包括部分贷款适当延长还款时间、适当增加重庆军工企业的自筹基建指标等等。其中关键的有两条：其一，允许重庆企业当年提高固定资产折旧率 0.5%，1984 年再提高 1%，增提部分全部留给重庆用于设备更新和技术改造。算下来，从 1984 年起，重庆每年将因此增加不少于 5000 万元的技改专项资金。其二，上交的折旧提留全部返还。原来规定，企业折旧 30% 上交中央财政集中使用，会议提出，以后重庆该交的照交，但由国家经委按项目戴帽下达，全部返还给重庆。

这些政策后来都一一兑现，有力地推动了全市企业技术改造。在这件事中，我们深刻体会到党中央、国务院对重庆改革的关怀和重视，全市各级组织以及企业界则对搞好改革试点更加有信心。随着政策逐步到位，重庆的企业改革在更深入的领域、更广阔的范围拉开场面。

这一轮改革侧重于生产组织形式和产品结构调整，说到底，就是“由城市按照客观经济规律组织生产”，让市场引导企业进行生产。这是蒋一苇和林凌的研究论文中特别强调的城市功能。

过去企业归部门所有，各在各的“条条”中运行，与其所处的地区和社会联系不多，并且产品统购统销，基本上不用考虑市场。随着商品经济的发展，这种机制的弊端日渐明显：一方面市场上消费品尤其高科技民用商品紧缺，群众拿钱买不到东西；另一方面大量骨干企业尤其军工企业生产不饱和，经济效益低下，甚至亏损连连。国家“大三线”建设投入1000多个亿，其中1/3在四川，对四川的投入又主要在重庆，却没有很好发挥作用。国家让重庆搞改革试点，一个重要考虑就是为这批重要生产资料及其所在企业另辟蹊径，让闲置的产能充分调动起来，服务经济，服务社会。重庆对此非常欢迎。企业也想摆脱困境，转产愿望很强烈，各家都以热情的态度对待改革。有个现成模式，也让他们对改革前景充满信心，那就是重庆钟表工业。

新中国成立初，重庆南纪门河边有个乐器厂，手巧的工人在泥巴和篾片糊成的吊脚楼里做出了手风琴，其质量敢与世界名牌叫板。1969年，厂址搬到石桥铺，工人的巧手又造出了手表。那时实行低工资，国产表因价格便宜销路很好，重庆的“山城”牌手表在市场上十分抢手，连省、市领导都来走“后门”。重庆钟表厂费尽九牛二虎之力，把年产量从几万只提到20万只，还供不应求。该厂换了个思路，找了14家单位，其中有国营的、集体的，甚至还有农村社队企业，把一些技术含量不高的配件交他们做，自己专心生产核心部件。这样，没增加一分钱投入，很快就达到50万只产量，重庆钟表厂也成了重庆钟表工业公司。以后成都、贵州、昆明也想在手表市场分一杯羹，昆明甚至花几百万元进口了一批瑞士设备，效果却不尽如人意。他们慕名来重庆求助，重庆钟表工业公司就又同这些城市的同行搞合作，其他城市各自生产有个性的机壳，然后装上重庆机芯，牌子也同重庆的“山城”牌沾边，分别叫“蓉城”、“筑城”和“春城”，四城手表总产量140万只，西南钟表业于是异军突起。这个一“城”带三“城”的故事，一度在国内传扬，中央充分给予肯定。

重庆钟表这个案例给重庆企业界两点启迪：其一，要选择市场看好的产品；其二，要打开山门面向社会。对前一条，大家似乎不太在意，因为早有共识，只不过从此印象更深刻而已；而后一条，则让企业界人士尤其军工企业的老总们恍然大悟。此前他们无一例外都强调保密纪律而将大门紧闭，高墙内医院、学校、商场以至公安应有尽有，俨然大社会之外的一个小社会，专业化程度倒是高，但企业发展空间小，同时包袱背得重，产品成本高。他们早就想“军转民”却迟迟没“转”成，为什么？就是没把山门打开，而有些产品他们还没有足够的技术力量和设备能力对其全部包揽。比如嘉陵机器厂，它能生产世界第一流的子弹，却从未造过发动机，想上摩托车，就明显缺一条腿；再有，嘉陵厂主要是冲压设备，如果生产摩托车弹簧就必须进行技术改造，而把技改投入摊进产品，一个摩托车弹簧成本价就得 20 多元钱，而利用重庆的专业弹簧厂家与这配套，只需 2 元多。如果没有外力相助，嘉陵摩托这个项目很难做成、做好。

思路打开，又拆除了条、块篱笆，局面就活泼了。军工企业和重庆老企业，不论其规模大小，争着组织人力搞市场调查，哇哇叫着要同这个合作同那个合作，要搞这要搞那。市委、市政府比较冷静，让计委牵头，先搞出规划，以便上下互动，稳中求准。这里所说的“互动”，有其特别含义：一则因为所有项目都必须通过市里向国家申请立项，二则因为好多项目需要市里统筹规划。比如，嘉陵厂和建设厂都打算上摩托，市里为避免重复，就得协调。曾建议建设厂上空调，不要大家争走独木桥。再比如长安厂领导层看好微型车，并同日本铃木谈了意向，但厂里中层有阻力，厂长田基兆打电话向市计委副主任陈之惠求助：“老陈，你来给我们中干动员一下吧。”陈之惠就去了长安厂。因为身份不同，有些话从他嘴里说出来效果不一样。那天，面对全厂 500 多位处长和车间主任，陈之惠说：“长安厂造汽车是有历史的，‘大跃进’中，重庆产的第一台吉普车就是长安厂生产的，那时设备还没现在好，工人用榔头一锤锤敲出来的车壳，不简单。”说得大家心头热乎乎的。

经过酝酿、磨合，好项目渐渐成熟，有摩托车项目、汽车项目、电视机项目、冰箱项目、空调项目、洗衣机项目，等等，几乎涵盖当时国内最前卫、市场潜力最大的民用家电和机电产品。包括一些国外少见国内没有的家庭用品，比如望江机器厂打算上的家用热水器，当时重庆普通市民不但没见过，想也没想过。各家企业积极性高涨，面对市场跃跃欲试，但是，真落脚到实际干，却并不那么容易，嘉陵摩托就是一例。

那时，已有一部分人成了“万元户”，他们对生活质量有了更高要求，开始有了拥有代步工具的念头，他们中的多数还不敢奢望汽车，只盯着便宜得多的摩托，国内市场上摩托车需求量很大。市计委给于汉卿市长汇报说，嘉陵厂已同日商谈好，上本田摩托，但因工艺复杂，嘉陵厂一家做有困难。于汉卿认为这个项目很好，当即表态：“我们组织地方厂给他们配合。”

不久，一批企业成了嘉陵厂的协作伙伴，浦陵机器厂生产发动机，綦江农机厂生产辐条，重庆灯具厂生产车灯，重庆弹簧厂生产车用弹簧，长江橡胶厂生产轮胎等等，高峰时有110余家大小工厂与嘉陵厂配套。嘉陵厂作为项目“龙头”，集中搞科技含量更高的事，如总体设计、车架生产以及总装等。几个月后，首批车就出来了。

这还不能就算成功，因为产品还没有“准入证”，不能上市。出于安全考虑，那时国家对摩托车实行准入制度，控制很严。一次，陈之惠在北京参加国家机械委的会议，会场上中国机械行业的各方面专家、官员济济一堂，陈之惠灵机一动，打电话回重庆：“赶快送四五辆摩托来，表演一下。”真应了那句老话“眼见为实”，一看嘉陵摩托演示，专家和官员脸上肌肉就松了。之前国内市场主要是南昌摩托，用的是苏联技术，刹车拖带长，安全性能差，久而久之，人们对摩托就有了成见，民间流传：“要想死得快，买个一脚踹”，把摩托等同于事故。嘉陵摩托用的日本技术，轻轻一点就稳稳刹住，当场赢来一片赞许声。以后就算柳暗花明了，重庆摩托不但获准批量生产，而且一上市就博得一片喝彩，很快风靡全国，一度占据全国市场80%份额，甚至远销到东南亚。在市场刺激下，三年内重庆摩托年产量就达到近20万台。

如果新建一个同等生产能力的厂，当时需要1个亿，而重庆实际只花了 1000 万元。改革使这 1000 万元产生奇效，一个支柱产业冰山浮出，还带活了重庆机械行业，把一盘棋走活了。

嘉陵摩托艰难创业期间，其他项目也在国家支持下相继立项并批量生产。“五洲阿里斯顿”冰箱、“将军”冰箱、“金雀”电视机、“红岩”电视机以及“三峡”洗衣机和“峡江”热水器等，上市后也很抢手，甚至凭票供应、一票难求。一度拿着市长批条买“五洲阿里斯顿”冰箱，也不能立马提货，要先交钱开好票，然后等待卖方的提货通知。

重庆企业渐渐有些扬眉吐气。改革试点前三年，全市盖的职工宿舍，相当于过去 30 年的总量。那时节，嘉陵厂的工人进出厂门都是昂着头的，游走于厂门前的众多“倒车族”卑微的追逐，让他们特别自豪。

回过头来，有件事必须提到，因为它对促成这次大规模调整起了很大作用。市委、市政府认为应当通过技术引进，让重庆工业的技术装备和整体实力上升一个台阶，积极向国家经委争取到 5000 万美元技改资金。市计委副主任李义和经委副主任金烈负责落实这件事。他们带一批技术人员到日本订购设备，谈得非常艰难，对方要 7600 万美元。回来汇报，超了 2600 万，怎么办？最后是朱镕基帮忙解决的。

企业技改资金归国家经委管，具体负责是当时的国家经委副主任朱镕基。市政府一位领导给朱镕基秘书打电话，问朱副主任何时在京？秘书回说朱镕基时在天津，当晚回京，第二天上班就能见。这位副市长当晚飞到北京，翌早 8 点半，他就坐到了朱镕基面前。朱镕基曾随国务院主要领导到重庆视察改革工作，知道重庆的情况及其难处。他笑嘻嘻地听完汇报，直接问：“报告带来没有？”赓即就在重庆的报告上批示同意。于是，重庆的产品结构调整得以步入快车道。

最后还得说明，此次重庆企业的产品结构调整走在了全国前头，彩电比“长虹”上得早，洗衣机比“荣事达”上得早，冰箱比“海尔”上得早，重庆的“将军”冰箱还是全国首批从国外引进的同类产品，无论怎样看，当时决策都是对的，改革方向也对。后来这些产品为什么在竞争中落败？问题出在企业的后期经营管理，比如“五洲阿里斯顿”冰箱，由于企业领导层对市场风云把握不准，盲目扩张，造成资金链断裂，引发崩盘，被后来者无情 PK 掉，等等，都是一些深刻教训。

奖金风波

在重庆进行试点改革之前，我国在企业改革上已有些动作，比如扩大企业自主权改革等。在观念上有了三个方面的重要转变：一是承认产品是商品，二是承认商品必须有利润，三是承认企业是独立的商品生产者。尽管改革涉及的内容在范围和深度上还极其有限，但毕竟打开了思路，迈开了步子，市场格局有了些微变化。

当时，四川省政府在温江举办了一个生产资料展销会，会上发生了一件轰动的事情。四川办会的本意是组织一个有形市场，让全川当然也包括重庆的扩权企业，在这个有限的市场试试水，培育竞争意识。这种形式当时国内不多见。因此，吸引来许多国内厂商，光生产氧气瓶的就来了成都、天津和上海的厂家，会场热闹非凡。大家以前没在意，当产品集中在一起，这才发现大有文章。上海氧气瓶质量最好，价格反而最低，即使加上上海到四川的运费，价格上还有优势，于是所有氧气瓶用户都涌向上海厂展柜，无形中形成了优胜劣汰的格局。

那些产品质量不过硬的厂家急了。重庆长江机床厂的摇臂钻在会上受冷落，厂长、书记一个一个房间走访用户，拍胸脯说，现在我们这个产品有点问题，今后一定包你满意！他们希望老客户们不要对他们失去信心。还有些厂当场就提出搞“三包”（包退、包修、包安装），用附加值吸引客户；另一些厂更抛出“四包”，除了那“三包”，再加上包运，送货上门。大家都想抢占市场份额。一个市场，像牛鼻绳一样牵动了所有企业。

这放在今天毫不出彩，但那时却很具冲击力，它迫使我们重新审视固有的价值观及其目标模式。

1984 年，国务院总理到重庆来，我汇报完工作后说：“我们能不能提一个问题？”总理说：“可以呀！”我说：“经济是什么嘛，无非是生产、消费、分配。既然我们的生产是商品生产，消费也是商品消费，为什么不叫商品经济？”那时中央的统一提法是“有计划的商品生产”。总理一听：“哎哟，你这个问题很敏感，北京现在都不能提。”我忙说：“我们这是在重庆提嘛。”总理说：“在重庆可以提，但不能讨论。”我于是打住话头。

这年仲夏，市委收到总理办公室转来的一份复印件，那是国务院总理给小平同志的一个报告，就一页纸，寥寥几句话。总理提出：“生产是商品生产，消费是商品消费，能不能提商品经济？”小平同志在这段话下画一道红杠，拉出来，批了两个字：“可以。”这份复印件未附任何说明文字，但我们认为，此时无声胜有声。

后来，这个观点出现在党的十二届三中全会文件中。国内外立刻捕捉到这一动向，评价中国经济体制改革在理论和实践上步入了新高地。我们更加认准改革的发展方向。我们觉得，既然笃定要实行向市场化的战略转移，早转就早占先机。

我们在全国率先完成了“利改税”。“利改税”改革的最大好处，是分清了企业和国家包括地方政府的关系，落实了利益、责任和权力，从而让企业在面对市场时有了创新空间，当然也给企业增添了压力。改革以后，每家企业的机会与风险同在。

走到这一步，全市企业发展路上诸般矛盾的轻重排序起了变化，分配上的问题逐渐显得突出，成了企业能否成功参与市场竞争的、亟待破解的关键环节。因为这个问题直接关系劳动生产率能否持续提高，进而企业的市场竞争力能否持续提高。当时有个很具中国特色的现象：国营斗不过集体，集体斗不过个体，越是投入多、规模大、有机构成高的，反而越没有竞争力，资本市场的普遍规律在这里转了向。个中原因很多，但最关键的是平均主义作祟，越大的企业“大锅饭”越沉重，分配上的矛盾越集中，职工生产积极性越难调动。

“利改税”为扭转这种局面创造了一定机会，因为企业终于有了留利。“利改税”第一年，全市直属企业账面上就多了5000多万。这笔钱原则上由企业自主支配。不过国家也有规定，只准用于自我积累和内部分配，并且确定了比例。这在当时已经算很大的突破了。

在国家的大原则下，市里推出三项地方政策：其一，允许企业在奖金总额限度内，对个人奖金分配拉开差距，奖勤罚懒；其二，调资实行浮动升级，也就是今年调上了，明年如果工作不好又要调下来；其三，工资“二八”开，80%固定，20%拿出来建立奖励基金。在当时环境条件下，这三项政策较好地演绎了“多劳多得”的分配原则，“大锅饭”的坚冰至此开始迸裂。

但是，坚冰终归是坚冰，即使迸裂它仍然有棱有角，并且坚硬锋利。重庆的企业分配制度改革很快遇到挑战。那时国家对奖金是封了顶的，规定全年奖金总量最高不得超过工资总额的20%，即大约两个半月平均工资。这显然与“多劳多得”的社会主义分配原则有差距，这是改革的阶段性带来的局限。市委、市政府想在这个基础上再有点突破，曾当面向总理提出来。

总理也觉得封顶会挫伤企业职工创造力，鉴于重庆正在进行改革试点，他在当场征询了财政部意见后，给重庆开了一道口子，同意重庆的奖金总额增加10个百分点，即最高可达工资总额的30%，而且以全市为单位计算。他想让重庆的改革步子比全国其他地区快一些。

下来我们就传达下去了。那是在一个大会上，会场就在重庆人民大礼堂，到会3000多人。由我代表市委传达了总理讲话精神，下面响起一片嗡嗡声，音调中透着喜气。我坐在台上，也是喜气洋洋。那时我绝没想到，一场风波就将来临。

由于全市控制奖金总额，当市里再按照各企业效益高低进行二次分配时，各企业的绝对数就难免有高低，高的突破了 30% 的国家规定。不久《人民日报》刊出一篇评论文章，严厉抨击“某大城市”越权发奖金，尽管没点名，但全市上下都明白所指为谁。

《人民日报》的批评并非空穴来风。一位著名经济学家带领一个研究小组向中央提交了一份报告，认为国内出现经济过热苗头，建议在金融方面加强宏观控制。这份报告在国家最高层获得较高支持率，中央为此连续召开三次省长会议，要求各地严格控制信贷和工资奖金的发放，实行财政、信贷“双紧”政策，以避免投资需求和消费需求“双膨胀”。我们正好撞到了枪口上。《人民日报》那篇文章让全市上下感受到压力，有人因此主张改回去，我不断接到下面打来的请示电话：“书记，改不改？”《人民日报》显然不了解或忽略了一个事实，即重庆的做法经过总理特批。我们也自恃有“上方宝剑”，此外，市委、市政府还考虑到，新的奖金政策刚刚开始执行，转过身就收回成命，容易让人觉得政策不稳，而政策不稳定最易引发群众情绪波动，直接干扰群众对改革的信心。因此，对那些咨询我一律答复：“不能改，一改就乱套了。”《人民日报》也不依不饶，不久在第三版又发表一篇文章，还加了框，强化了分量，而且直接署上了作者姓名，那竟然是一位国务院副总理！副总理在文中毫不客气地点了重庆的名。

眼见娄子捅大了，市里有人架不住了，各种议论纷至沓来，直接针对市委的批评也出现了。但市委、市政府没有软，决定超出 20% 部分先由财政垫付，兑现企业奖金。我叫来财政局长雷振南，要他准备 800 万元备用。我说：“一定要兑现承诺，否则改革走不下去！”话是这么说，我还是在心里做好了最坏的打算。说来也怪，北京以后再没起波澜。也许总理给那位副总理通了气，也许还有别的原因，反正没有人追究重庆，最后不了了之。

这场风波渐渐平息后，重庆各企业的生产积极性保持了旺盛的势头，一批国内知名企业和知名品牌，如嘉陵摩托、长安汽车等，白手起家迅速崛起，并逐渐成为重庆支柱产业。1990 年，国家有关部门曾搞过一次“全国最受用户欢迎汽车”海选，由驾驶员自由投票，结果重庆拿到三个“金牌”，分别是“微型车第一名长安”、“重型车第一名铁马”、“载重车第一名红岩”，而那次一共就只有五块“金牌”。

雷振南可能是那些年笑得最甜的人之一，因为那些年重庆财政收入年年增长，1987 年时在 1978 年基础上翻了一番。重庆每年上缴国家近 10 个亿，是试点前的两倍。每次到北京开会，他这个财政局长都很有面子。

冲 关 突 围

改革试点前，重庆公交问题较突出，人们一谈就摇头。市委、市政府梳理改革试点中亟待解决的关乎民生的问题，公交被列在前面。

但解决起来有点棘手。从“文革”后期起，市里多次想解决群众“乘车难”问题。好几任主管副市长甚至跟车当临时售票员，想通过实际体验找到解扣的方法，结果都无功而返。因为他们得出的结论无一不是增加运力，而那时公交公司跟其他企业一样，根本拿不出钱买新车，市里也没有富余财力支持它。

在改革的背景下，我们变换思路，市政府出台一份文件，号召所有有车单位，无论国营、集体、个体，无论机关、工厂还是事业单位，都来参与公共交通，还取了个好听的名字，叫“社会办公交”。于是一盘棋活了。那时，大单位都有交通车，平时除了上下班用用，其他时段基本闲置，市政府文件发出后，单位车都开出来了，大型客车、中型面包车等什么都有，面包车有二十几座的，有十几座的，还有几座的，颜色也是五花八门，司售人员也是老少不等，甚至车的产权单位办公室主任亲自当售票员——那可不是为挣钱，实实在在是出于安全考虑。看上去确实有些乱，但群众的“乘车难”问题的确极大程度得到缓解，市民评价非常好。通过这件事，市委、市政府看到了社会的潜力。

这事过后不久，市领导分头到各区县走了一遭。在主城区，市领导直接下到了街道，目的一个：动员大家把乡镇企业和街道企业搞起来，把经济发展的路子弄得更宽些。领导下去不光靠嘴说，而且当场就要解决问题。我们让各行业局对区县进行技术支援、设备转让，或者直接下订单，反正有钱出钱，有力出力，一起来扶持千军万马上市场。

铜梁县氮肥厂想搞技术改造没有资金，市化工局拨去 50 万元就彻底解决问题，铜梁欢天喜地。荣昌县肥皂厂产品质量不过关，长期积压，产量徘徊不前，年年亏损，市里给它拨去 50 万元搞技改，还让市日用化学工业公司派人指导。一年后，情况大变，产品销得很好，生产也被带动起来，年产量陡然增加 19 倍。

也有不拿钱的扶持，那全在一个“巧”字上。

主城与周边区县历来有公交客运，上午从公司发出，下午由区县返回，晚上汽车统统进车库（场），以便管理。然而公交公司方便了，乘车的人却难了，尤其那些挑着鸡呀、鸭呀、鱼呀等鲜活农副产品的农民，下午乘车进了城，东西却不好脱手，只得在旅馆住一宿，这就增加了销售成本，这是一难；东西放一夜，少了鲜活，体质弱的鸡、鸭、鱼有的就蔫了，拿到市场上就不那么硬气了，这就削减了产品竞争力，这是又一难。市委、市政府敦促公交公司按照市场需求调整班车档期，上午出城的班车改为下午发，当晚就停在农村，第二天早上返回主城，让农民进城就能卖，下午就能回家。高峰时重庆一共有 351 辆这种班车，涵盖主城周边所有卫星城市和大的乡镇。

这是一种打破传统思维的助农方式，没花一分钱，就把局面扭转过来，卖农副产品的满意，城市居民也高兴，因为这让他们菜篮子更丰富也更有质量。结果，在市场带动下，周边农民进城经商的积极性陡增，城乡物资交流日益繁荣。这种模式后来被交通部总结规范，定名为“农村夜宿班车”，向全国推广，它一度成了全国交通系统完善市场机制的一个“名牌产品”。

这里不能不单独提到重建民生公司的事情，因为那是那个时间段我们手里的一张大牌。民生公司重建，其意义在两方面：对全国，它是在中央直接指导下扶持民营企业，改变市场所有制结构的示范；对重庆，则是动员更多社会力量参与市场竞争，壮大城市经济实力，推动经济快速发展的探索。那时候，中国还是“有计划的商品生产”，人们对私营经济的认识极其有限，仅限于赚取地区差价或批零差价的个体商贩，顶多也就是科技含量不高的生产作坊，很少将它同有规模的现代实业联系起来。民生公司重出江湖，不光在重庆，在全国甚至海外也极具爆炸性。有外国记者惊呼：“这是 1984 年中国经济改革的一件大事。”纽约《北美日报》的一篇文章写道：“最能说明当前中共允许甚或鼓励发展企业的例子，莫过于四川省重庆民营的轮船公司‘民生公司’的复业。”

“新民生”是在中央领导的直接关怀下搞起来的。胡耀邦在视察湖北、四川途中谈到完善市场、搞活企业的问题，陪同的王谦感叹一些百年老店如今辉煌不在。耀邦说，可以采取一些特殊政策帮助他们重振雄风，为国内企业树立榜样，话语中流露出打破常规，鼓励民营经济发展的战略考虑。那时尽管已允许“个体户”合法存在，但社会对公有制仍然一往情深，民营经济凤毛麟角。

王谦提到了民生公司，说那是重庆最大的“百年老店”，耀邦就问：“卢作孚还有后人在重庆吗？问问他们愿意不愿意再把民生公司搞起来？”还说，如果卢家后代愿意重建“民生”，国务院可以给予支持。1984 年元旦后，市委把卢作孚的儿子卢国纪请来，问他“愿不愿意重新把民生公司搞起来？”3 月 8 日，王谦、我、于汉卿又专门将卢家三兄弟（老大卢国维、老二卢国纪、老三卢国纶），请到市委一号楼，再次商量重建民生的事。

为了扶持民生重建，市委、市政府费了不少心血，最初的造船贷款和造船钢材是市里为其解决的，开办经费也是市政府主动借的，组建方案、公司宗旨、经营方向等大政方针，也是市顾委副主任马力和市经委主任刘志忠帮助搞起来的。马力和市委副书记崔连胜甚至陪同卢国纪挨家借船。为了能尽快开业，民生先搞合营船队，后办自营船队。合营则需要向有船单位借运力，运输利润两家对分。当时部分沿江企业有自己的船队，但一般不外借，由市领导亲自出面，情况就不同了。才筹备几个月，第一个船队就发出了。到这年春夏之交，民生公司的发展达到高潮。

5 月初，市财政局长雷振南亲自到公司筹备处，安排市政府的一笔 440 万元无息贷款的拨款进度和还款时间，那可是从市政府有限的能源交通基金中挤出来的，本来要到第四季度才能收齐的钱，为了支持办“民生”，市政府提前支取了。

但民生公司计划建两个船队，这笔贷款仅够让船厂开工，远不足付清全部造船费用。一个月前，卢国纪把困难向市经委交通处长胡自永说了，胡自永鼓励他大胆向胡耀邦求助。因为没有直通渠道，这封信是以平信直接从邮局寄出的，有没有结果，卢国纪不抱指望。哪知 5 月 14 日那天，卢国纪突然接到市委通知，称中央决定给民生公司 1100 万元贷款和 1500 吨钢材指标！初听到消息，卢国纪几乎不敢相信这是真的。6 月，又从北京传来一条好消息，商业部决定给民生公司 1000 吨平价柴油。市里也决定，在商业部这批油用完后，民生公司用油由市计委在计划内继续按平价供应。交通部也通知长江沿线各港口码头，免费对民生轮船开放。

到了 7 月盛夏时，另一件事不但让卢国纪感动，更引起了社会震惊。那时民生公司的两艘拖轮正在船厂加班加点地赶工建造，预计 9 月就将出厂，卢国纪正为组建船员队伍，尤其招募高级船员四处奔波。7 月 30 日，

1984 年 3 月 31 日，民生公司筹备处与重庆川顺转运站合营的第一个船队——“东风五号”轮离开重庆码头驶向江苏高港，于汉卿市长（前左二）在重庆朝天门码头为船队送行

市人事局长王松美打电话给卢国纪，说中央书记处的工作组到了重庆，住在潘家坪招待所，让他第二天上午去汇报调人的问题。这次卢国纪真的惊呆了！

川江航道非常复杂，古诗云：“三峡滩如竹节稠，滩滩都是鬼见愁。”川江航运对驾引人员要求很高，不仅要会看水操舵，还必须背熟 600 多公里航道的水下礁石分布。一般说来，培养一名成熟的水手需要三至五年，培养一名成熟的舵工需要五至八年，而要想成为合格的引水、船长则往往得花上大半辈子时间，还得悟性很好才行。刚刚创办的民生公司显然没有条件完成任何一个周期，只能捡现成，可是拥有人才的单位就是不愿放人。

当时打破人才壁垒非常不容易。市长于汉卿前后两次亲自主持会议，同国营航运企业协商调人问题，最终也没能把人调来，只借到不足 10 位高级船员。一转眼，借期临近，新船又将下水，卢国纪心急火燎。这事被一位新华社记者知道了，写了文章，发表在《国内动态清样》上。胡耀邦在上面作了重要批示：“民生公司是在我国经济体制改革中重建的。民生公司的困难，各个部门必须主动帮助解决。”于是书记处就派出了这个特殊的工作组。组长是刚成立不久的劳动人事部的一位局长，副组长分别是交通部的组织部部长范仰澜及中组部经济干部局一位处长。工作组拿到民生公司拟调人员名单后，分别找相关单位负责人谈话。一个大难题，于是冰消雪融。

这件事引发了社会许多议论，通过这件事，人们更加深切认识到中央的改革意图。紧跟着，川江沿线相继冒起许多轮船公司，集体的、个体的，大者上十条船，小的不过几条船，也有一条船的，长江上下一下子有了大大小小、五花八门的 800 多家航运企业，一条江终于变得热闹起来，“一江春水白白向东流”的局面被彻底扭转。

民生公司的故事至此还没讲完。

多年来，我国一直不允许地方航运企业经营海运业务。海运比内河运输复杂，一则海洋的变数更多，对船舶和船员的技术要求更高，再说还有疫检、换汇以及国家安全等一大堆事。所以尽管经常有沿海省份申请开展海运业务，但国家有关部门一直未批。

民生大旗重举，港、澳、台一带的民生遗老和故旧，旧情难忘，纷纷摇起了橄榄枝，愿同新民生携手，抢抓商机。新民生本就计划开展海运业务，有他们介入，新民生多了推手。于是新民生顺理成章成为改革开放中大陆首家具有海运资格的地方企业，而且是民营企业。一扇紧闭多年的大门就这样哐地一下打开了。

打开了就再不能关上。道理再简单不过：民生能走，为何大家不能走？于是，各省纷纷开航海运，后来还开航远洋，中国海洋运输业由此万马奔腾、一片繁荣，为改革开放注入蓬蓬勃勃的活力。

在重庆，一批航运企业紧随民生公司足迹，先走江海联运，后直接走海运，大家效益上去了，亏损帽子丢掉了，高高兴兴提回来一桶桶金，其中一部分后来成了别的项目的资本，比如三峡客运，移民新城房地产等等，给重庆经济带来新气象。

民生公司的故事仍没有完。

民生公司雄心勃勃，打算向海外更大领域发展，但总经理卢国纪年届花甲，公司待处理的事情也多，为了帮民生公司培养接班人，我们采取了一些特殊措施。

卢国纪的儿子卢晓钟那时20多岁，在重庆师院当老师，教数学，我将他调出来，交给市外贸局局长况浩文，让况浩文带徒弟。我给况浩文交代：“局里处长参加的会都让卢晓钟参加，处长看的文件都让卢晓钟看，局党组会议只要不涉及人事问题也让卢晓钟列席。”必须说明，卢晓钟在外贸局不拿工资，他的工资关系在民生公司。他在市外贸局所经历的一切，是特殊环境下的特殊处置，那也是一项改革措施。我交代给况浩文的事，况浩文不折不扣地执行，卢晓钟学习得也勤奋，不到一年就熟悉了外贸业务。他临走前，况浩文问他：“还有什么要求？”他提出来要几个干部，况浩文就让他选，最后他带走了两位处长。

后来卢晓钟被派到了香港，主持香港分公司工作。再后来，他独闯台湾，又打出一片天地。现在，卢晓钟已经是民生实业集团总裁和民生轮船公司总经理，成了“民生”第三代掌门人。

汽车工业艰难起步

国务院总理1984年春来重庆，3月3日整天听汇报。上午我走进会场，总理向我招手，要我坐到身边。我笑着说：“对话对话，要对着说话。”边说边坐到他对面。

试点一年，搞活企业的各项工作陆续到位，重庆工业正逐步复苏并走向繁荣。下一步怎么办？突破口选在哪里？市领导班子已经在考虑，一些想法和问题需要总理解惑。面对面有利于一问一答。

上午汇报了一年来的改革情况，下午两点半，继续开会。我说：“一年来取得的成绩很多，工作中也碰到很多矛盾和问题，我能不能谈点问题?”总理说:“好呀。”我就说开了，一说就放了颗“炸弹”。我说:“中国现在有一汽、二汽，能不能搞个三汽? 重庆想成为中国第三汽车城。”总理来了精神，语调提高了几分:“好呀! 你的主厂房在哪里?”我说:“可以搞一个没有主厂房的三汽。”我强调两点：一是强调抗战时期重庆集中了一大批重工业企业和机械工业企业，二是强调搞大三线一批骨干工厂内迁以及国家大量投入。我说，重庆工业基础雄厚，门类齐全，综合性很强，又经过改革试点调整了企业机制，搞汽车完全没问题。我这番话尽管没有明确回答是否有“主厂房”，但暗示军工厂的现有基础设施和科技能力可以利用。

总理再问:“那你们准备搞什么车?”我回答说:“一汽的卡车已在重庆组装，供应西南的都是重庆装的，既然可以组装卡车，那完全可以搞汽车。四川汽车制造厂在重庆，还有重型汽车研究所，生产力量和科研力量都是国内很强的，重庆扩大生产重型车应该没有问题。历史上重庆也试搞过小车，那还是在三年困难时期，在土桥的一个企业，以苏联‘伏尔加’作样本，一锤子一锤子敲出了小汽车，那时就能造，现在更别说了。改革试点以来，重庆实行市带县，农村比重加大，背后还有四川农村，所以重庆还应该生产农用车，满足农业发展需要。”

总理最后表态:“你们把机械工业和军工企业联合起来，搞出了系列汽车，我就承认你的第三汽车城。”

会后，刘西尧把我拉到一边，轻声问:“伯康，我是二汽出来的。你知不知道汽车是高投入、高技术产物? 重庆有多大的财力和技术? 你什么车都想搞，行吗?”刘西尧不知道，此前市委、市政府班子酝酿过汽车项目。改革让企业释放出潜能，全市又出现了产能过剩的苗头，所以，我们想给企业提供新的舞台，创造更多的发展机会，同时也为重庆经济增添新的增长点，广开门路，加快发展速度。我们想过许多项目，也作过一些调查，因为重庆的机械行业综合能力强，所以打算上汽车项目。重庆也曾有过搞汽车的尝试，同成都、昆明、贵阳合作生产汽车，重庆搞大梁大桥，成都搞发动机，昆明搞驾驶室，贵阳搞底盘，然后在成都组装，最终搞失败了。为什么？因为这是国务院“三线办”牵头组织的西南轻型汽车联合体，靠行政命令搞的联合，违背了客观经济规律。昆明的驾驶室还在研制阶段，重庆就搞出了产品，一个光架架形不成商品。还有各生产点距离过远，甲生产点到乙生产点的零部件运输加大了生产成本，价格上就少了竞争力，前景肯定不会好。不过，这次经历让重庆对生产汽车积累了经验。

总理走后，我把管工业的几个市领导马力、周春山、刘隆华、黄冶找来，让他们分头搞方案，然后再来汇总选优。

这边把任务分派下去，北京那边又出了问题。那时中国的改革开放已初见成效，国人生活质量逐步提高，汽车工业呈大跳跃态势。上海最早捕捉到战机，抢先同德国合作，生产出大众桑塔纳轿车，给几十年的以苏联

王谦（左三）、廖伯康（右一）与马力（右二）等老同志会面

车为主的中国轿车市场注入一股活水，那崭新的车身线型和极好的操控性开拓了国人眼界，各地都跃跃欲试。国家汽车工业总公司更大手笔地进行战略调整，计划部署一些轿车生产基地，为此把大批专业力量向点上集中，重庆重型汽车厂的汽车研究所也在调动之列，500 多名专业人员将被一锅端到天津、济南。消息传来，我赶快拦截。中汽总的副老总先后来了两三位，找我谈，我就是不松口，后来总经理亲自来谈，我还是顶着，理由很说得过去：总理批准我们搞，我们得完成总理交办的任务。对方最后只好放弃。

但这一来，重庆再无退路，重庆汽车非搞成不行。

那些做方案的人因此更谨慎，经过一段时间酝酿考虑，相继拿出了方案。一个星期天，我将他们召集在一起，让各自谈方案。这个会从早上开到晚上。各种方案频爆亮点，但群星闪烁就是亮不到一块，一天下来，还没有具体结论。我说："你们方案都很好，但几个方案都不能用，老话说'九龙不治水'。我建议这事交给黄冶同志，让他先把几个方案消化了，合并成一个方案，我们再议。"并且明确今后就由黄冶主管全市汽车工业。

黄冶是市委常委、常务副市长，他在工厂锻炼了 30 多年，具有理工科专业背景，责任心极强，工作执着而缜密。被点将后，他在近两年时间内，利用出差或开会的间隙，到全国各汽车厂参观学习，这些工厂的领导，从汽车技术、经济到相应的汽车工业管理等方面，给黄冶指点，诲人不倦。他把自己由外行变成了内行，而且还不是那种勉强凑合的内行。他一度将汽车零部件包括每颗螺丝一一分解，分成 10000 多份，然后逐一分析哪些可以国产，哪些必须进口。真正懂了，他才知道了事情的艰难。一个汽车工厂要花很多钱，进口制造汽车设备要有外汇储备，国家也没有好多外汇，难哪！

搞汽车，要想成大事，必须具备三个基础条件：资金、技术、人才。

而当时重庆均没有，至少不在这上面占优势。尤其资金，那可是成亿的投入呀，靠市财政？不可能！

黄冶手上其实是块烫手山芋，但他义无反顾，为了重庆工业振兴和重庆明天的繁荣，他以自己的人品和诚信，换来了相关部门的信任和支持，一次就得到1000辆汽车散件的计划，结束了重庆汽车的“黑户口”历史。

为了筹钱，他去了石油部，那是他的老关系户。一天晚上，他坐在石油部总经济师周庆祖家沙发上，一张口就要数千万，并说：“今天你不答应我就在这里坐一夜。”一副志在必成的架势。周庆祖是他的老朋友，事前还曾劝他调到石油部工作，说从克拉玛依到东海油田，这一辈子由他驰骋。他回答说，他爱重庆，愿在重庆干下去。周庆祖见他事业心强，更尊重他。第二天，周庆祖找了石油部副部长李天相征得同意，借给重庆2000万美元外汇额度，后来又追加了1000万美元外汇额度。

以后，黄冶还分别从五个地方筹来钱，每处都是数以千万计。就连西藏自治区政府，他也借来1000万人民币。最后一笔钱，是在日本五十铃公司社长飞山一郎陪同下，从日本三和银行得到的3000万美元授信额度。附加条件很简单，就是向三和银行的深圳分行存款，如此而已。三和银行显然是给了飞山一郎社长面子，因为飞山一郎社长一再说：“黄冶先生是我在中国最好的朋友。”其实，三和银行不知道，飞山一郎社长一度并没把黄冶放在眼里。

黄冶第一次带团去五十铃公司，就差点坐了冷板凳。对方接待人员事前客气地告诉他，飞山社长有急事要飞往欧洲，只能会见并宴请重庆客人，不同重庆谈业务。

午宴前一刻钟，飞山社长露面了。宾主相对而坐。稍作寒暄，飞山就直奔主题，也许他想尽快结束这场谈话。他用审视的目光看着黄冶，上来就问：“你有外汇吗？”“有。”就一个字。黄冶明显感到对方的居高临下和咄咄逼人，但隐忍不发。飞山又问：“你们政府同意吗？”“有批文。”黄冶平静地回答。这让飞山态度稍微缓和了些。他换了个话题："你们中汽总公司喜欢江西汽车公司，我同中汽总领导关系很好，要不要我帮忙说几句？"黄冶委婉地挡回去："不用了。国内事好办，自己可以解决。"

飞山直视着黄冶，抛出更具挑战性的问题："你们过去购买了我们的技术，200 万美元的入门费至今未交。"他指的是之前重庆同五十铃的一次交道。黄冶告诉他，这事自己不知道，接着反问："你们什么时候要？"尽管自己与这事无关，但他还是把责任接了过来，他要顾全大局。飞山试着说："年底如何？"黄冶当即答复："行。到时准还。"飞山大出意外。开始对黄冶刮目相看。宴会后，他并没走，另选个地方留下黄冶单独谈。这次气氛明显不同了，聊工厂产品品质管理，理念大致相同。飞山问道："你以前到过日本没有？"黄冶回答："曾作为中国化工质量考察团成员到日本各工厂参观学习了一个月。"飞山高兴地说："有了你们生产五十铃汽车，我放心了。"飞山主动提到了合作。以后飞山开始同黄冶来往，但真正认同黄冶，那还是飞山来三峡那次。

那是 1990 年 5 月下旬，经过了许多周折，飞山同重庆的关系越走越近，终于应邀偕夫人来三峡游览。为了接待特殊客人，重庆做了充分准备，包下"神女"号游船，换了最好的驾引人员和服务人员，空船开到宜昌候迎。谁知恰恰就在这时，黄冶被诊断出脑瘤，并在市委和医生坚持下动了手术，躺在医院病床上打点滴，与飞山游三峡的档期撞了车。市里准备另派人陪飞山，黄冶坚持不允，他觉得临阵换将对今后不利。经过他再三争取，市委作了让步，但专门派主刀医生带上护士随行，以防万一。飞山在宜昌码头见到头上还缠着有血迹的绷带却一脸笑意的黄冶，大为感动，此时他从心里认同了这位重情义、守信用的朋友。就在这次航行途中，飞山明确表态，向重庆出让技术，价格由双方管事先生去谈。他们的要价低到出乎重庆人意料，连设备、模具在内，一共才 170 万美元。双方最后均大笑着走下游轮。

这一幕被历史定格，成了一个重要节点，重庆庆铃汽车公司从此萌芽破土，迅速崛起，为振兴重庆汽车工业，壮大城市经济实力，建设长江上游经济中心，作出了了不起的贡献。

“西南一片”和“长江一线”

总理1984年那次到重庆，看了一些单位，听了市委、市政府汇报，他说了一句话：“这下我放心了。”他当时就口授了几个观点，让随同的新华社记者发通稿。

其实那次汇报我还有许多话没讲。凭着对重庆的了解，以及在改革试点中的体会，我那时脑子还想了很多事情。1983年12月27日，总书记胡耀邦同中央政治局的倪志福、胡启立到重庆，我随省委书记杨汝岱到机场迎接。当时胡启立在政治局分管体改，他一下飞机，就交给杨汝岱和我各一份材料，那是未定稿的中央关于经济体制改革的意见，要我们看看。几天后胡耀邦等离渝，临上车时胡启立向我要回那份材料，并问：“有没有意见？”我说有，他说：“那你上我车，我们边走边谈。”车开动后我讲了一些想法，胡启立认为这些意见很重要，还拿出了笔记本放在腿上打算做笔记。但车子在颠簸，不方便写字。我才谈了三条意见就被他打断，他问：“一共有多少意见？”听说一共20多条，他说：“你能不能多送我们一段，把话说完？”于是我一直跟他们出了重庆界，到了四川泸州。

当晚，胡启立叫上倪志福一道听我谈，这一谈就是四个小时。其中我特别谈了一个观点。我说：“现在国家重点开放东部，是考虑东部处在开放前沿，但国家同时应当考虑到自然资源大部分在西部，西部开发了国家才能均衡发展。而西部分西南、西北，也要区别对待。”

为了说明这个道理，我特别提到著名的“胡焕庸对角线”。早在20世纪30年代，地理学家胡焕庸就通过分析对比，找到一条可以显示我国两侧人口稀密悬殊的明确界线，那就是自黑龙江之瑷珲（即今黑河）向西南直到云南腾冲的直线。根据他当时的分析，在此线东南，全国 36% 的土地，养活全国 96% 的人口。反之，在此线西北，在全国 64% 的土地上，只有全国 4% 的人口。这就是说，同全国平均密度相比，东南部高出 26.7 倍，而西北部仅及其 1/16。在二者之间，平均人口密度成 42.6 与 1 之比。我说："相对而言，西南应当比西北更早开发。现在东部上去了，西南怎么办？在中央没有新的政策出台之前，能不能让西南先搞点地区联合，自己组织起来求发展？"

显然这些观点引起了听者重视，因为第二天早餐时，团中央书记刘延东和全国妇联书记处第一书记张帼英有些揶揄地对我说："老廖，听说你们昨晚谈得很热闹，怎么不通知我们一声，让我们也听听！"结果那天我还是没走成，当晚继续谈。这一谈，又是三个小时。

我同胡耀邦一行在泸州分手，他们去了贵州，我回到重庆依旧忙于改革。1984 年 1 月初的一天，我吃过午饭正准备小憩，中共中央办公厅副主任杨德中从贵阳打来一个电话，要我同王谦、于汉卿当天下午 3 点去贵阳花溪开会，并说接我们的昆明军区专机正飞往重庆。我们赶紧往机场赶，接近机场范围，看见专机正在机场上空盘旋，起落架已经打开。我们到会场时，云、贵、川主要领导已经在座。

会议由胡耀邦主持，他说："把大家找来，一起谈谈'七五'如何翻番。"他有个观点：西南经济起点低，即使提前两三年实现翻两番，也还只是个"小小康水平"。他说："从全国来看，中央认为确实需要认真研究一下西南的问题，中央已经把这个问题提到了议事日程……中央要考虑，你们也要考虑。西南三个省统一考虑一下，在'七五计划'开始的时候，究竟有些什么问题需要解决？需要中央帮助你们解决什么？不要一来就提要多少多少项目，要多少多少钱，一下子就把我们吓怕了。要统一起来想清楚，抓几个问题，把几个问题抓好了，就活了。"

从胡耀邦的这番话中，我捕捉到三个信息：一是西南的问题已排上中央的日程；二是胡耀邦动员西南三省在“七五”期间经济发展有所突破；三是三个省联合起来找出路。由此我意识到，可能我关于西南联合的建议被胡耀邦所接受。果然，当天下午当贵州省长王朝闻要求发言时，胡耀邦没让他说，要我先讲。我把之前向胡启立和倪志福讲的观点重复了一遍。我强调，国家先开发沿海，再开发西部，但西部不能坐等，能否在中央支持下自己组织起来，相互协作，共同发展？

胡耀邦当场表示了赞同。他接下来的一番话让我感到他对这个问题早就有了成熟考虑。他说：“按自愿互利原则，你们三个省再加上重庆市，能不能搞一个协作小组，轮流当主席，都有否决权……三省四方，重庆算一方嘛。第一届就是贵州。都有否决权，愿意就干，全体通过就干，通不过就算‘联合国’嘛。”安平生和池必卿提出还要国务院有关部委的同志参加。胡耀邦说：“我的意见不要。他们可以当观察员。他们不参加投票，一投票就把你们吃掉了。”他要求我们“先把三省四方联合搞起来，办不成事起码也可以通通信息”。

吃饭时，胡耀邦又主动提到成立经济协作小组的事，他建议：“小组会议每年召开一次，第一年在贵阳，第二年在重庆，第三年在昆明，第四年在成都。”胡耀邦的提议在三省四方领导中引起共鸣，汇报会一结束，三省四方自己开了一个会，研究组建经济技术协作小组具体事宜。会上商定，当年4月就在贵阳召开第一次小组会议，各方派三人参加，由分管经济的省（市）长或副省（市）长带队。广西听到消息，主动要求加入，说“西南都是穷哥们，我们同西南好说话”，于是“三省四方”又成了“四省（区）五方”，以后继续扩大，现在已成了“六省（区）七方”。

这个经协组织成效显著。仅仅在第一年，各方就互派考察团（组）94个、800多人次，签订各类合作项目1500余个，打破了长期以来实际存在的某种隔绝状态，一些多年想办却单独难办的事办成了。比如，云南和

廖伯康工作照

四川联合开发金沙江下游，贵州和广西合作修盘县至百色公路，贵州和四川合作修大方至泸州公路，以及联合组建西南航空公司等等。南（宁）昆（明）铁路项目就是在第二次协作会上形成决议的。在协作中，重庆的交通枢纽作用和口岸作用更充分得以发挥，事实上深化了改革试点效果。

在西南一片的联合中尝到了甜头，市委、市政府又想到了与长江一线的联合。1985 年夏，在我们倡导下，重庆、武汉、南京三市主要负责人联袂到了上海。行前南京市委办公厅给上海市委打了个电话，说三市领导造访，但没讲因何造访。上海市委秘书长接到我们一行后，直接把我们带到市委正召开的常委会上。江泽民刚刚就任上海市长，那天正同前任市长办理移交。听了我们关于开展长江流域城市区域协作的建议，他当场表态同意，并且不带任何附加条件："就按你们商量的意见办，我们完全同意。"

第二年，首次长江一线大协作会议在重庆召开，重庆乃至长江流域主要城市有了共同的增长极。借助这个高地，重庆在新时期长江上游的地位和作用更为彰显。改革试点进行到 1987 年，全市国民生产总值达到 131 个亿，是改革开放前的近 3 倍。从 1978 年到 1987 年，重庆市工农业总产值年均增长 11%，而且上下偏离不大，是一种稳定、持续的增长。

1994 年，江泽民总书记到重庆挥笔题词：“努力把重庆建设成为长江上游的经济中心”，锁定了重庆在全国大盘子中的功能和地位。

重庆面前的发展之路越走越宽，前景灿烂。

（李彦一　整理）

口述

我与悲鸿

廖静文

我是徐悲鸿的妻子，出生于1923年4月，湖南浏阳人。曾经在金陵女子大学和北京大学学习，从1957年到现在担任徐悲鸿纪念馆馆长。曾经担任第七届全国政协委员，第八届全国政协常委，现在已经90岁了。

颠仆30年　营建徐悲鸿纪念馆

抗战胜利后的1946年1月，我跟悲鸿在重庆结婚。悲鸿受当时的中央教育部部长、也是他留德时的同学朱家骅聘请，来到北平，担任北平艺术专科学校校长。那时候，因为学校没有宿舍，悲鸿就用自己卖画的钱，买了一所房子，在东受禄街16号。从1947年到1953年，我和悲鸿住在那里，这里是悲鸿最后生活了七年的地方。1953年悲鸿去世时，新中国已经成立四年了。他是第一届全国政协委员，也是新中国成立后第一个去世的文化名人，毛主席和周总理等党和国家领导人都非常尊重悲鸿，周总理提出来，把悲鸿故居建成徐悲鸿纪念馆。新中国成立初期，我们国家的财政还比较困难，所以，就用悲鸿故居做纪念馆了。

悲鸿去世时58岁，当时我才30岁。我觉着悲鸿都不在了，我还要这些东西干什么。所以，就把这所房子连房契都捐给了国家，还把悲鸿的

1947 年，徐悲鸿、廖静文和孩子在北平

1200 多幅作品，以及他收藏的唐、宋、元、明、清和近代的，像齐白石等著名画家的 1100 多幅画，还有他在国外收集的绝版图书、图片以及国内的碑帖、图书 1 万多件都捐给了国家。

用悲鸿故居做纪念馆，我得先把房子腾出来。我们旁边的另外一个院子里，有三间小屋，以前是堆煤堆杂物的地方，我就带着儿子、女儿搬到那里面。当时，我儿子七岁，女儿才六岁。

悲鸿去世以后的一段时间里，我觉得自己根本没有法子在故居里面住，因为以前每天都可以看见悲鸿，悲鸿不在了，整个房子都空了。所以，我跟周总理要求说，我很喜欢文学，想到北京大学中文系读书。我以前在金陵女大化学系读过书。跟悲鸿结婚以后，就辍学了。我想继续上学，而且我有基础，希望到北京大学去读书。后来，周总理就推荐我进了北京大学中文系。当时，读北大是要住校的，又没有现在这么便利的交通条件，如果每天从家往返北大要花很长时间。我只能星期六中午回家，星期天晚上去学校，两个孩子那么小，也只好放在家里。

我一边上学，一边挂念着纪念馆的改建，每到周末，我都回来照应，

位于东受禄街 16 号的徐悲鸿故居，“文革”中被拆除

随时处理问题。悲鸿的很多作品都是装箱放在家里的，没有仓库怎么办？放在原先的汽车间里，我觉得不安全，担心会损坏。于是，我就请求文化部拨款，在我们后面的院子里盖了五间北房当作仓库；再加盖陈列馆，有两个大厅可以挂画；还在纪念馆旁边盖了一个小院子，有七间房，我就从杂物间搬到里面住了。

我到北大读书，并不是要拿个大学文凭，主要目的是学习写作，因为悲鸿去世以后，我就想给他写一部传记。我比悲鸿小 28 岁，为什么跟他结婚，不仅因为他的绘画好，更是因为他的品德高尚，令我非常尊敬和感动。所以，即使在家庭反对的情况下，我还是跟他结了婚。1957 年我完成了大学学业，开始担任徐悲鸿纪念馆馆长。

“文化大革命”开始以后，红卫兵来抄家，认为徐悲鸿是“资产阶级反动学术权威”。纪念馆的管理员没有多少文化知识，也跟着红卫兵说，悲鸿的这些画都是“四旧”，没有必要再保存，不如一把火烧掉。还说我也是“反动学术权威”，给我挂牌子。我说，谈不上权威，我只是一个普通的知识分子。我就把他们给我挂的牌子扔在了地上。当时的政治环境下，很少有人敢扔牌子。他们觉得我这个人很狂妄，就来打我，打得我昏迷好几次，说我不老实，还说释放出来的好多战犯，都曾经到徐悲鸿纪念馆来参观过，因此就说我是特务。他们说徐悲鸿那么穷，怎么能到国外读书，一定是国民党特务。说廖静文那么年轻，为什么跟他结婚，也一定是特务。

徐悲鸿的起居室

“文革”期间，最遗憾的一件事就是徐悲鸿纪念馆被拆除了，我们的家没了。由于要在故居北边不远的地方修地铁，所以要拆掉徐悲鸿纪念馆，并叫我们搬家。当时，我也不敢去找人，只能听任他们叫喊，说这些作品都是“四旧”，要把这些东西一把火烧掉。我被红卫兵用皮带打得遍体鳞伤，几次昏迷，用凉水从头上浇醒，浇醒以后又打，要我交代自己是特务，要我交代枪支弹药埋在什么地方。我不能凭空捏造，始终不承认是特务。后来，昏迷三次，水浇不醒了，才打电话叫急救站来抢救，之后把我拖到一间小屋子里关起来。那天晚上，下着大雨，我觉得自己很委屈，我是很爱国的，要是给敌人打可以，为什么给自己人这么打，几次都想触电自杀。但是，我又想，我死了，悲鸿这些画怎么办？两个孩子怎么办？他们已经没有父亲了，不能再没有母亲了！当天晚上，我就趴在那个小屋

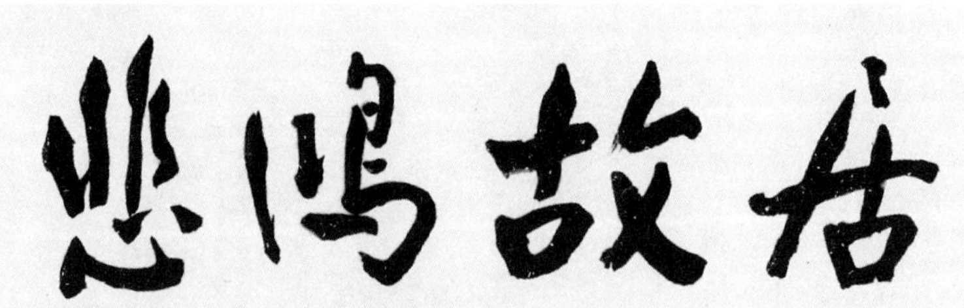

周总理为徐悲鸿纪念馆题字

的床上，写了一封信给周总理，请求他派人来保护这些作品。因为，周总理是非常了解悲鸿的。我叫儿子把信送到中南海交给周总理。我还在信封上写了“急件”，打了三个圈，嘱咐儿子见不着周总理就交给门口的警卫，我儿子把这封信送到中南海交给了警卫。但我们都觉得心里没有底，不知道周总理能不能看到。那时找周总理的人太多了，他能看到吗？让我欣慰的是，总理还是接到了这封信，而且他确是尊重文化、尊重知识的，马上派警卫部队来，把纪念馆里面所有的东西都搬走了，搬到哪里，那时我们也不知道。

直到“文化大革命”结束十多年以后，我们才知道悲鸿的作品和他收藏的画，全部被放在故宫博物院太和殿旁边的一间大殿里锁起来了。因为故宫博物院有警卫守着，是不能进去造反的，所以比较安全。当时，我们并不知道这些情况，就知道有解放军来运东西了，我就比较安心了，我觉得肯定是保护起来了。不过，徐悲鸿纪念馆还是被拆掉了。

1972 年，我再次鼓起勇气给毛主席和周总理写信，要求恢复徐悲鸿纪念馆。后来，毛主席批准了，周总理也派人送信给我，通知我可以恢复徐悲鸿纪念馆。我就拿着周总理的通知找文化局。不久，就成立了一个筹备组，让我当组长，筹备恢复徐悲鸿纪念馆。

首先要找地方，为纪念馆选址。一开始选在东郊老气象台附近，那周围有一些平房。江青说那个气象台是古迹，要保护，不能动。第二个地点

周总理在廖静文陪同下参观徐悲鸿遗作

选在中国美术馆旁边的平房，可是有一个副部长住在那里，他不想搬。后来，听说城北有个地方原来是一个菊花园，一位刘师傅专门养菊花的地方。他去世以后，把这块地交给国家了。他们夫妻有一儿一女，女儿先天智力不好。我们选这块地方，政府同意了。条件是给捐献的那一家安排住处，还有给智障的女儿安排工作。但是等我们要拆迁的时候，发现这里又住进来30多户人家，空地上盖起了一片小房子。那时候，没有《拆迁法》，我们要用地盖纪念馆，就只能给这30多户人家都安排住房。我就去找房管局局长要房，局长说，这不是一家两家，30多户人家搬迁很困难，他们只能给一半城里，一半城外。可这些人谁也不愿意去城外，还是搬不动。我只能每天到房管局门口去等房管局局长上班，拦住他要房子。他说他也没有办法。那时候，我已经60多岁了，但是为了建纪念馆，我得争取下去。时间长了，有的房管局的人就说，这个老人太有神经病，每天站

位于北京市西城区新街口的徐悲鸿纪念馆新馆

到门口不走。后来，我又向一位姓何的区长求援。区里、房管局，两头跑了有一年。最后房管局终于给了位于前三门的 30 多套房子，30 多户这才搬出去了。

居民搬家以后，先要把房子拆掉。基建施工之前还要三通一平——通电、通水、通路、平整地面，这些都要找人。盖房子要设计，要找材料，这都要我去求人。设计找设计院，材料得找北京市，但回复说现在没有材料，不光你们一家，已经有十几家都没有材料。当时，找材料很困难，不像现在有钱就能买到，那时材料都是国家控制和调拨的，国家不调拨，你就买不到材料。北京市政府安排了第二房屋修缮工程公司来盖纪念馆，我就请房修二公司的负责人冯光东同志到故宫太和殿旁边看藏的那些画，因为故宫没有地板，又没有两边开窗子，还不是北房，特别潮湿，好多画都发霉了。悲鸿的国画、油画上边都是霉点。冯光东同志看了以后就拍板说："这么多珍贵的作品要毁坏了，太可惜！我们先垫上材料，将来等市里拨了材料再还给我们。" 所以，我到现在都没有忘记冯光东同志，我觉得他非常了不起。

我跑了整整十年，才建起徐悲鸿纪念馆。很多人被我这种精神感动。直到现在也没有哪一位名画家的夫人，把丈夫所有的画包括他收藏的画都捐给国家。而且，我跟悲鸿结婚以后，对他前妻的子女都非常好，她们一直到现在对我也很好。我当了十年北京市政协委员，之后又是全国政协委员、常委，我觉得这是社会对我的尊重。

为了爱情　嫁给大我 28 岁的悲鸿

我比悲鸿小 28 岁，父亲和姐姐都坚决反对我跟他结婚。当时，我正在迁到成都的金陵女大读书，因为是教会学校，连地板都打蜡，每顿饭都有四个菜，有澡堂，还有抽水马桶，都是现代的。我却决定离开金陵女大，和悲鸿住在重庆的山坡上，住在石家祠堂里面，没有自来水就喝泥塘里的水，没有电灯就点煤油灯，所有现代化的东西都没有。所以，金陵女大的同学都说，不知道你为什么要爱这么一个人，生活又苦，年纪又大，身体又不好，你爱他什么？我说，什么也不为，就是为了徐悲鸿。所有人都恋爱过的，我想真正爱一个人是讲不出道理来的，就是为了爱情。

1943 年在重庆沙坪坝对岸，悲鸿在石家祠堂开办了中国美术学院。这是当时国民党教育部用中英“庚子赔款”办的一个研究院，徐悲鸿是院长，另外有十几个研究员和副研究员。悲鸿曾在桂林七星岩岩洞中存放了 40 多只木箱的藏书藏画，为了筹建美术学院，要取出一部分运到重庆，他登报招聘一个图书管理员来整理这批书画。那是 1942 年，我 19 岁，刚刚高中毕业，随文工团来到广西进行抗日宣传义演。我本打算去重庆考大学，又喜欢读书，所以当我看到报纸上的招聘信息，就报名了。当时有 40 多个人考试，初试是笔试，要求写一篇作文，题目是悲鸿在黑板上写的。我在中学就很喜欢写文章，我的作文老师章士钊给我的作文评语总是非常好。看了我的文章，徐悲鸿认为不错，我通过了笔试。口试的时候，悲鸿亲自主持，问了很多问题。比如说，问我兴趣爱好，问我看什么书，要我背诵几首古诗，我都一一回答。口试、笔试，徐悲鸿对我都挺满意。他说："我初步录取了三个人，三个人里面挑一个，因为中国美术学院人不是太多，有一个人管理图书就行了，你是第一名，你要是不去，就第二名、第三名去，你回去考虑一下，你去不去?"经过考虑，我第二天把退职信交给了文工团团长，决定为悲鸿先生工作，几天后，我就接到通知，通知我可以去美术学院筹备处上班了。这样我就跟徐悲鸿到了七星岩岩洞里面清理图书。七星岩岩洞长达两华里，是桂林的胜景，也是最牢固的天然防空洞。广西省政府选取岩洞的一部分，安装了地板和电灯，作为仓库，悲鸿先生的藏书和藏画都存放在那里。我和张安治先生作为他的助手，撬开尘封的木箱上的铁皮和铁钉，小心翼翼地打开箱子。悲鸿先生从中捧出一轴轴的画卷，一摞摞的书籍和图片，仔细察看有没有折损、发霉、受潮或虫蛀。我第一次看到如此大量的美术作品，它们向我展开了一个从未见过的多彩的艺术世界。我小心地从悲鸿先生手里接过它们，又整齐地安放在一只只箱子里。有些书的扉页上写着："悲鸿旅欧最穷困之际"、"悲鸿梦寐以求，借资购得"，我明白悲鸿得到它们是多么不容易，他经常从早到晚一连工作十几个小时，但始终神采奕奕，我感到他背后有一种巨大的精神力量在支持他、吸引他，他是一位真正的艺术家!

创办美术学院之后，我们回到重庆，我在他身旁工作了好几年，看到他生活得很苦，当时他除了筹建、主持中国美术学院，还在中央大学师范学院艺术系兼任教授，经常是上午坐船过嘉陵江到石家祠堂对岸的中央大学上课，中午再从沙坪坝坐船回到石家祠堂。虽然他的画也能卖不少钱，但是他自己很省俭。比如，他不吃早饭，一早就过江去，在江边买两个烤白薯当早饭。上完课，中午回来，就到中国美术学院吃发霉的"平价米"，吃公家的伙食。我很钦佩他，以前不知道他的婚姻有问题，这个时候，他跟原来的妻子蒋碧薇已经分开七年了，一个人住在石家祠堂。

1944 年，徐悲鸿、廖静文在青城山

他原来的妻子蒋碧薇是他宜兴的同乡，蒋家在宜兴很有名，在宜兴城有很大的房子。悲鸿在蒋家初识蒋碧薇，蒋家已经给蒋碧薇订婚了，男方是苏州一个姓查的宦家子弟。那时候，悲鸿在上海哈同花园结识了康有为。康有为非常赏识徐悲鸿的画，并且请悲鸿住在他家里，给他去世的夫人画像。康有为后来通过罗瘿公把徐悲鸿介绍给当时的教育总长傅增湘，希望傅派悲鸿到法国官费留学。但是，当时第一次世界大战还没有结束，还不能派人去欧洲，康有为就建议徐悲鸿先到日本去。上海有一个犹太富商叫哈同，曾买了半个上海的土地，他为附设在他哈同花园的仓圣明智大学征集仓颉画像，悲鸿就画了一幅画去应征。被康有为等评为最好的一幅，并受邀进入哈同花园画画。最后得到了 1600 块现洋报酬，他就拿这笔钱作为去日本的盘费。

悲鸿 17 岁时，受父母之命，在老家结婚，他的农村妻子身体不好，很早就去世了。到上海以后，在宜兴同乡家里见到了蒋碧薇，他们相爱了。后来，他们一起去了日本，也没有正式结婚，就是私奔吧。日本当时正是明治维新的时候，很重视西方文化。据蒋碧薇说，生活费用并不多，悲鸿又买了很多书籍画片。因为经济原因，他们在日本只住了六个月，就又回到了北京。

回国以后，悲鸿在北京担任北京大学画法研究会的导师。蔡元培校长很赏识他。虽然工资不高，但也可以维持，悲鸿就在北京等待第一次世界大战结束后到法国去。

第一次世界大战结束以后，在教育总长傅增湘的安排下，悲鸿被派往法国公费留学，他就带蒋碧薇一同去了。一个人的公费两个人用是不容易的，悲鸿很节省，也能吃苦，他把置装费里面要做大衣的费用都省了下来。当时，国内是北洋军阀执政，政局动荡，留学生的公费不能按时寄出，有时候经费就中断了。悲鸿在法国生活上很苦，没饭吃的时候，就去打工挣钱。但是再苦也坚持学习。悲鸿回国以后到了南京，在中央大学当教授，每月可以拿 300 块现洋。

蒋碧薇没有进过学校，就是在家里当主妇。她的父亲蒋梅笙，是个很有国学根底的人，教女儿读些旧书。这些事悲鸿没有跟我讲过，是蒋碧薇的女儿徐丽丽①跟我讲的。她讲，她的外祖母把她妈妈的五个脚指头裹断了，她妈妈穿皮鞋，前面要塞棉花，后面也要塞棉花。但是，因为蒋碧薇是大家闺秀，悲鸿出生在穷知识分子家庭，所以结婚以后，蒋碧薇对悲鸿很厉害，悲鸿特别怕蒋碧薇。

① 即徐悲鸿与蒋碧薇的长女徐静斐，小名丽丽。

渐渐地，悲鸿跟蒋碧薇感情就不好了，因为花钱的问题，两个人老吵架。尽管悲鸿每月有300大洋收入，还要把钱用去买书画，引起了蒋的不满。两个人在生活道路上追求的东西不一样，一个是永远追求艺术，另一个是要追求生活舒适，两个人不能志同道合。以前，在巴黎留学生中，只有悲鸿一个人带了老婆去，他们留学生同学会，都叫她压寨夫人。当时，同学会里年纪最大的是谢寿康，他在法国学的是文学，第二个就是悲鸿学画，第三个就是张道藩，也是学画的。那时候，悲鸿每天一早出去上课，或者到博物馆临画，一画一整天，后来在巴黎生活不下去了，就跑到新加坡给一些有钱的侨领画像，挣到了钱，回了一趟上海，再回到巴黎，这样前后在巴黎待了将近八年。他在巴黎美术学院的档案现在还在，不只是绘画好，解剖、美术史等课程的考试成绩都是优。

蒋碧薇在她的回忆录里面说，原来以为悲鸿回国她会很寂寞，实际上恰恰相反，悲鸿走了以后她过得很高兴，因为张道藩特别关心她，她常常跟着张道藩一起出去玩，他们在法国就已经好上了。但是，悲鸿还没有跟她离婚。悲鸿的朋友们说，他们常常吵架，悲鸿还是下不了决心，没有提出离婚。后来，一直到重庆也不住在一起，悲鸿一个人生活了八年时间，几次要求跟蒋碧薇重归于好都被拒绝以后，悲鸿就在贵阳跟我订婚了。并且，还在报上刊登了一则声明：悲鸿与蒋碧薇女士因意志不合，断绝同居关系，已历八年。中经亲友调解。蒋女士坚持己见，破镜已难重圆。此后悲鸿一切，与蒋女士毫不相涉。兹恐社会未尽深知，特此声明。然后，就跟我在贵阳请客正式订婚了。

蒋碧薇跟张道藩同居又不结婚，她也不跟悲鸿离婚。我们订婚以后，回到重庆，蒋碧薇让她的女儿写信给悲鸿说："爸爸你为什么爱一个女人，就要登报跟妈妈脱离关系，如果你爱十个女人，你会不会登十次报跟妈妈脱离关系？"她又要她女儿来跟悲鸿说："妈妈说她想你了。"悲鸿讲："已经太晚了。"当时，悲鸿已经跟我订婚了，而且正式请客了。

抗战胜利了，因为张道藩是大官，要回南京接收。所以，蒋碧薇就跟悲鸿正式提出离婚，这样她就可以在南京和张道藩公开同居，悲鸿就答应了她提出来的所有条件，给她 100 幅画，100 万块钱，50 幅收藏的古画，还另外送她一幅油画。请有名的大律师沈钧儒到场签字正式离婚。之后，悲鸿和我在重庆结婚。蒋碧薇跟张道藩到南京去，就把悲鸿原来的房子变成了她自己的，虽然离婚没有说这个房子给她。她先回南京就住进去了，南京的房子很大，她又用上悲鸿给她的 100 万在那个房子旁边盖了一个新房子，她把自己的原来的房子租给法国新闻处，每年可以收一笔外汇租金。

解放战争的时候，蒋碧薇跟张道藩到了台湾公开同居，但一直到去世都没有正式结婚。她到台湾也没有工作，都是用悲鸿给的钱、卖悲鸿给的画作生活费，一直到去世。我跟悲鸿讲过，听说蒋碧薇在台湾跟张道藩公开同居了。悲鸿听了以后，还是很有感情地说了一句：覆水难收。这说明，即使蒋碧薇跟张道藩同居以后，悲鸿对她还是有感情的。悲鸿是一个非常重感情的人，所以，他去世以后我一直这么怀念他。作为徐悲鸿的妻子，我感到很荣幸。

（王晓辉　吕潇潇　整理）

人物

林乎加：中国扶贫大业的开拓者

刘济民*

人这一生，总会遇到几位恩师、前辈。在关键时刻，他们为你拨云见日，指点迷津；在你身处逆境的时候，他们不会冷落你，不会轻贱你，不会落井下石；在你落难的时候，他们敢于为你说实话，讲真话，敢于为你仗义执言。我这几十年，就有幸遇到这样几位贵人，遇到这样几位恩师、前辈，其中就有林乎加同志。

乎加对我的恩德和教诲，对我的激励和影响，是巨大的。

一

2007 年 5 月 13 日上午，我去北京医院看望乎加。

一年多没见了，91 岁高龄的林乎加同志，依然头脑清醒，记忆力很好，精神也好。

那天见面，我一再请他躺在病床上说话，他执意不肯，一定要坐起来。我握着他温暖有力的双手，谈到我这一年多在无锡家中休闲的情况。他突然问我："多大了？"

---

* 刘济民，第九、十届全国政协委员，第十届全国政协文史和学习委员会副主任，曾任国务院副秘书长、国有重点大型企业监事会主席等职。

“69（岁）了！”我说。

“你身体好，能活到 100 岁！”乎加稍微停顿了一会儿，显然是想到了什么，又突然大声地说出了这样一句话。

我很感动，非常兴奋，我明白他这句话的言外之意。我特别诚恳地对乎加说：“您身体也很好，您活 100 岁指日可待。到时候，我们为您庆贺百岁寿辰。”

乎加和我，都畅怀大笑。

快要分别时，我对乎加说：“您没有大病，好好养着吧，您一定健康长寿。”

二

作为晚辈，我对乎加敬仰已久。在 20 世纪六七十年代，我对他那不同寻常的、传奇般的经历，只是耳闻。对他远见卓识、举重若轻的大将风范，超脱世态、鄙薄世俗的坦荡胸怀，以及他独特的工作方法，特别注重实效的工作作风，等等，我也只是从几位老领导那里听说过。在 1982 年之前，我们没有直接接触过。直到 80 年代初，我才有缘有幸在乎加的直接领导下工作。

1980 年至 1982 年，我作为农垦部的干部，在黑龙江省八五三农场带职任党委副书记、副场长。其间，农垦部再次撤销。农垦的业务工作，并入当时的农牧渔业部。在带职期间，我已考虑好，带职期满后不回农业部门，想自己找个单位，做点实际的事情。也就是这个期间，时任农牧渔业部部长的林乎加同志，委托当时任常务副部长的朱荣同志找我谈话，要求我回农牧渔业部工作。这件事，我是很感动的。我这样的小人物，何德何能？竟引起从未见过面的林乎加部长的关注，我还能说什么呢！

就这样，我在 1982 年秋结束了两年的带职，从农场回到农牧渔业部，先在政策研究室工作，后到办公厅。

三

就在回到部机关不久，我随肖鹏副部长到福建看望省委书记项南同志，到那里调查研究。到福州后，即接到部里电话，说乎加在甘肃酒泉开会，找我有事，要我急赴酒泉。

当时，乎加部长兼任国务院“三西”地区农业建设领导小组组长，他正在酒泉召开国务院“三西”地区农业建设领导小组扩大会议。

“三西”地区农业建设领导小组，是当时国务院新设的区域性扶贫机构。“三西”，包括了甘肃中部干旱地区的定西地区、河西走廊（酒泉、武威、张掖三个地区）和宁夏的西吉、海原、固原三县，共计 25 个县，约 1000 万人口。以后在“三西”扶贫的基础上组成了全国性的扶贫机构，即国务院贫困地区经济开发领导小组（后改名为国务院扶贫开发领导小组），直到现在。

那次，我从福州日夜兼程到了酒泉。乎加交给我一本一两万字的讲话稿，是办公室的同志起草的。

我粗略翻了翻那篇代拟讲话稿，对乎加说：“如果别人讲话，照这个稿子念就是了；您讲话，就不必用这个稿子了，作个参考吧。”

乎加准备开几个小型座谈会，要我安排。这是他一贯的方法。凡他主持召开的连续几天的重要会议，他都要根据自己的需要，安排足够的时间，召集几个小型座谈会，充分听取多方面的意见，为他在大会上的讲话作进一步的准备。

那次的酒泉会议，在小组讨论的同时，安排了三个座谈会，用了三个半天，每半天一个座谈会。每个小会请五六人或七八人参加，集中谈两三个题目。谈什么题目，就请熟悉那个题目的地方和有关部门的同志参加。参加座谈会的同志，基本上都是乎加指定。每个座谈会结束前，乎加一般

1985 年 10 月 16 日，林乎加（左前）在甘肃省临洮县和当地同志探讨脱贫大计

留出些时间，讲自己的意见，这些意见大体上就是他将要在大会上讲的意见，我特别注意听，特别注意记。

三个座谈会，比较集中地谈了七个题目：规划目标问题，种草种树问题，水利问题，水路旱路都不通、另找出路问题，提高粮食产量问题，科技教育问题和制定专项资金管理办法问题。乎加在座谈会上也反复讲了这七个问题。我根据座谈情况和他讲的精神，写了几页纸，不是为他准备的讲话提纲，只能算是讲话题目，在七个大题目下列了若干个小题目。

酒泉会议最后一天的大会，由当时的甘肃省省长陈光毅同志主持，乎加讲话。我拟的那几页纸，就放在他面前，备忘而已。

那天的大会，除参加领导小组扩大会议的中央各部委领导同志，甘肃、宁夏的领导同志，还有甘肃的省、地（市）、县三级党政领导干部。

乎加历来注重调查研究，善于调查研究。他在酒泉会议上的讲话，非常纯熟地运用了“三西”地区和全国一些贫困地区的大量典型，如数家珍，如面对面聊天，侃侃而谈，绝不枯燥。他讲得有理有据，有声有色，有滋有味，大家觉得很生动，很亲切，很深刻，很有说服力，非常过瘾。会场上少有的安静，几乎没什么人出出进进，更没有人抽烟，人们说：“只怕少听一句话。”

上午讲了三个多小时，快12点了，只讲了七个题目中的四个题目。陈光毅省长宣布：下午请乎加继续讲。大家热烈鼓掌。

下午又讲了半天，效果好极了。开了一天的大会，人们不觉其长，好像还没有听够。

酒泉会议后，我根据自己的记录稿，对乎加的讲话作了认真的整理，经他审阅、修改后，作为向国务院总理的汇报提纲，经总理同意后，作为正式文件上报国务院，下发各地区、各部门贯彻执行。

在酒泉会议上，乎加系统地提出了符合“三西”贫困地区实际情况的、富有创见的重要意见。如三年停止生态破坏、五年基本解决温饱、到20世纪末或用再长一点时间从根本上解决“三西”贫困问题的规划目标；把种草种树、发展牧业和林业，作为改变西北干旱地区贫困面貌的根本大计；要特别重视发展旱作农业和省水型农业；甘肃和宁夏一些生产、生活条件较好的地区，可吸收本省（区）贫困地区的青壮劳力自愿到那里开荒办家庭农牧场或承包水利工程，以工代赈，以后可以搬家，也可不搬家，完全自愿（当地叫“拉吊庄”）。总之，要寻找和探索多种脱贫途径，不靠行政命令，不可强求，尊重群众意愿，注重实效，等等。

乎加同志在酒泉会议上讲的那些意见，突破了“三西”地区以往那种“一刀切”的、常规的工作思路，一切从实际出发。这是指导“三西”贫困地区工作思路的一次根本性、战略性的大调整。实践早已证明，这样的调整是符合实际的，是非常重要的，那些重大措施至今仍是适用的。

酒泉会议后回到北京，国务院办公厅立即安排乎加同志向总理汇报。乎加汇报时，我也去了。总理对林乎加同志主持召开的酒泉会议很满意，对他的汇报很满意。总理说，先用好现在每年给“三西”贫困地区的两亿元扶贫、开发、建设专项资金，连续十年，共计20亿元；用好了，以后再增加。乎加表示：任务艰巨，责任重大，一定要把这项工作做好，一定要把专项资金管好、用好。现在中央财政用于扶贫开发的专项资金，已从当时的每年两亿元，增加到 2011 年的 252 亿元。

新时期全国性的有组织有计划、有专项资金的扶贫，是中国共产党的一项善举，是一种德政，是为中国农村贫困大众谋福利的一项功德无量的大事业。

林乎加同志是我国农村扶贫大业的开拓者、先行者。他对扶贫事业的最大贡献，是创造性地把救济型扶贫转变为开发建设型扶贫。在 20 世纪 80 年代初的那些年，他差不多每年都要两三次深入到“三西”地区的农村调查研究，共商扶贫大计。“三西”地区的一些农村干部说：“这老汉对扶贫贡献大，我们应该给他立个碑。”

四

以后又有几次机会，听乎加讲话，参加他主持召开的会议，跟随他到基层调查研究。对我来说，这都是难得的学习机会，甚至可以说是一种享受。我曾经多次给熟悉的同志讲述跟随乎加工作、学习的所见、所闻、所感、所悟，共享那样的心得和乐趣。

乎加同志那样的思想方法，那样的工作作风，那样深入的调查研究，是他多年来在毛泽东主席的培育下形成的完美经典。集中到一点，就是实事求是，一切从实际出发，一切为了人民大众，实实在在地为人民大众谋福利，解决各种各样的实际问题。这就是要领。

从 1982 年秋到 1986 年初，我在乎加的直接领导下工作了三四年。我非常珍惜那短暂的几年，特别注意用心学习，特别愿意向乎加请教。不仅学如何工作，如何调查研究，如何密切联系群众，更重要的是学如何做人。不敢说学得多么好，只是有所感悟、有所得益、有所进步而已。

从乎加的言传身教、潜移默化中，眼前为之一亮，似乎懂得了点什么，明白了点什么。原来是这样：话还可以这么讲，文章还可以这么写，会还可以这么开，工作也可以这么做，讲话、做报告不见得一定要照念别人写的稿子啊！总之，一切从实际出发，以解决人民大众的各种各样的实际问题为原则。

五

1986年初，我离开农业部，到苏州工作。

到苏州，是我自己的选择。不是组织上派我去，而是我要去。当然也是经部党组同意的。其实，这也是在乎加的直接教育和影响下，作出的选择。我的这个选择，始终得到了乎加细致入微的关怀和指点，得到了农业部肖鹏、朱荣、刘锡庚、边疆、李友九等其他几位老领导的支持和帮助。

我当时只是想到地方上做点实际的事情，不是想去当个什么官，也不是去带职"镀金"，不是想工作一两年有点"资本"就回北京。而是要把工作关系转去，把家搬去，踏踏实实地为老百姓做点实事。

乎加一再对我说："下去工作几年，可以，将来还是要回来。"我也一再表示，只要我觉得做得了，当地的同志也愿意留我，我就不准备回来了。趁现在年岁还不算太大，身体还好，尽可能地做点实事，也就满足了。乎加和几位老部长，对我这样的考虑，都很理解。

现在想起这件往事，都是要动感情的。乎加和几位老部长，那样的恩德，那样的交情，那样的悠然心会，对我来说，这就足够了，我还有什么奢望呢！

1986年4月间，我在到苏州前，去向乎加夫妇告别。

"我到地方上工作，要注意些什么？"我真心实意地向乎加请教。

他略加思索后说："还是毛主席的方法。深入实际，调查研究，解剖典型，举一反三；从群众中来，到群众中去，集中起来，坚持下去。"

他还特别强调："要学会用本地的典型经验，解决本地的问题。"

乎加为我指出的工作方法和工作作风，对当时的干部，是一些非常熟

本文作者（左）看望林乎加同志

悉的文字，对乎加来说已不是书本上的文字了，早已成为他思想方法、工作方法的结晶，是他几十年工作实践的深刻总结。

从那以后的二十多年中，不论工作如何变动，我在实际工作中都尽可能地践行乎加的临别赠言。

得人一言之善，终生不忘。乎加对我的教诲，岂止一言之善，岂止一举之善！乎加对我，是言传身教。我为工作问题，曾多次向他请教，他都是循循善诱，不吝赐教。他对我的工作一直特别关注，并给予指点。他强调最多的，总是希望我注意深入实际，不要脱离群众；希望我学会调查研究，要特别注重解决人民群众的各种实际问题。这都使我终生受益。

那天在乎加家里告别后，他和老伴王顾明同志一直送我到家门口。乎加指着我，对老伴说："你看多年轻啊！"又问我："还不到 40 岁吧？"

我说："不是不到 40（岁），是不到 50（岁），再过两年，我就 50 岁了。"

"你还算年轻。"乎加又说。

又过了七年，1993 年夏天我调北京工作后，去看望乎加和王顾明同志，向乎加请教。在我离开的时候，他和老伴又送我到家门口，于是又有这样的对话：

“你看多年轻啊！”他又是指着我对老伴说，又问我：“还不到50（岁）吧？”

我说：“乎加，我现在不是不到50（岁），是不到60（岁）。我都55岁了。”

他不无感慨地说：“你也50多岁了！”

那些年，乎加一再问到我的年龄，他总是希望我还年轻，尽可能地多做点实事。他的心愿和期望，我是很清楚的。

我这个人没有什么大本事，也没有太多的长处。要说有什么长处，无非是“认真”二字，做人做事都认真。几十年平淡无奇、小材大用，从来没有感到得意，没觉着激动，没有沾沾自喜，只感到肩负的责任，丝毫不敢懈怠。现在可以问心无愧地对乎加同志说：我认认真真地尽心尽力了。如此而已。

六

乎加的生活很简单，很朴素。他平时最大的爱好是读书、写字。此外还有一个爱好，就是喝茶，喝新鲜的绿茶。他有他自己的茶道。我这些年也长了点喝茶的知识，完全是从他那里学来的。

有一年春节前夕，我去看望乎加。在我离开的时候，他拿出一瓶茅台酒，要送给我。

乎加说：“我现在按照医生的要求，不能喝茶了，也不能喝酒了。我这里还有一瓶茅台酒，你能喝点酒的，送给你吧。”

我觉得很突然，非常感动。我在乎加面前总是很随便的。有时我去看他，他留我吃饭，我从不推辞。那天他送酒给我，我竟一反常态，只觉得手足无措，很不好意思，也不知说什么好，只好稀里糊涂地收下了。

我把那瓶茅台酒放在酒柜里最为明显的位置。我仔细地看那瓶酒：看来至少有30多年了，酒瓶上还有毛主席关丁三项革命运动的语录，已残缺不全、大半脱落了；显然是怕年久挥发，那瓶口用塑料包着，用线绳扎得很紧、很紧。

看着那瓶陈年茅台酒，我想了很多、很多……

七

现在的青年人，了解乎加的，估计是很少了。让我感动的是 1990 年在日本。当时我率无锡市代表团访问日本，接待我们的一位日本友人听说我曾在中国的农业部工作过，就问到林乎加。那位日本朋友以一种崇敬的表情对我说："你们的林乎加部长，曾在京、津、沪三个直辖市做过主要领导。这样的经历，在中国的高官中可能是很少的。"我很敬佩这位日本友人的政治眼光。更确切地说，在解决了"四人帮"的问题之后，林乎加同志曾先任上海市委领导班子成员，又先后出任天津市委书记、北京市委书记。在中国共产党的高级干部中有这样特殊经历的，只有林乎加一人。

乎加同志是一部大书，是一部现代政治思想百科大全。他那独一无二的、传奇般的政治经历，就是一个丰富的宝藏，是不可多得的人生宝典。

我一直有个心愿。总想着有那么一天，听老前辈原汁原味地讲他那些鲜为人知的故事，听他阐述那些充溢着大德、大智、大静、大悟的人生宝典，那该是多么痛快、多么过瘾、多么难得的赏心乐事啊！

八

我近年退休后，回无锡家中养老休闲。只要有机会到北京，我总是要去看望乎加同志的。每次到他家里，我都请他一定躺在床上说话，他还是不肯，总是要坐到客厅交谈。同以往关心我的工作情况一样，乎加总是非常关切地问到我的近况。我多次谈到华西村吴仁宝老书记的情况，谈到我同仁宝同志的交往。乎加谈得最多的，还是希望我们的干部要坚持深入实际，千万不要脱离群众。要像华西村老书记吴仁宝那样，真正把党中央的路线、方针、政策，同当地的实际情况结合起来，解决好各种实际问题。

乎加今年 96 岁了，依然头脑清醒，记忆力很好，依然关心党和国家的大事。我近年到北京，就听几位老同志谈到，乎加 2007 年列席党的十七大时，在小组会上有个发言，引起了人们的重视。他在发言中读了杜牧（803—852）的《阿房宫赋》。《阿房宫赋》的点睛之笔是："呜呼！灭六国者六国也，非秦也。族秦者秦也，非天下也。"我想，乎加意味深长地重读杜牧这一篇盛传世代而不朽的妙文，就是希望我们党真正跳出古代那种"其兴也浡焉，其亡也忽焉"的历史周期律。在兴旺的时候，"勿忘国耻"，要有忧患意识，要居安思危，以史为鉴，真正避免"人亡政息"。我又反复地读了《阿房宫赋》，总是感到一种强烈的震撼！我非常敬佩林乎加同志为忧国忧民而放胆直言的耿耿情怀，非常敬佩这位有着 70 多年党龄的老共产党员的政治智慧和战略眼光。

九

悠悠往事，恩德情深。我特别怀念在乎加领导下无拘无束地、踏踏实实地做工作的那些日子，那些让人长见识、长本事的难忘日子，那些让人回味无穷的往事。

同乎加的交往中，我似乎懂得了什么叫"淡然"，什么叫"超然"，什么叫"泰然"。他高尚的人格和智慧，他高超的领导才能，他在世俗惊涛中的那种洒脱和旷达，那种从容和闲定，实在是少见了。

在这样的前辈面前，高山仰止！

我为乎加的长寿默祷。像他这样的人，肯定长寿的。

（2007 年 8 月草成，2012 年 8 月修改、补充）

人物

怀念姑父俞大维

陈流求[*]

俞大维的夫人陈新午，是先父陈寅恪的胞妹，我们姊妹一辈称她九姑。姑父母与我家情笃谊厚。为了书写怀念姑父的文字，我从珍藏的信件中，找出姑父口述、亲笔签名、托护士小姐代笔的数封家书。在 1984 年 9 月 13 日的信中，姑父写道："亲爱的流求女儿：'千里共婵娟'，前夜护士小姐扶我在院中赏月，我很想念你们姊妹。"

姑父母多年来待我们姊妹视若己出，我想起来甚感悲切。姑父在 1983、1984 年的信中均写道："我和九姑没有女儿，你们姊妹三人就是我的亲生女，我时时想念你们。"我记忆深刻的是 1946 年至 1948 年，我与小彭妹在南京金陵女大附中高中部就读，假日到姑父母家中，受到两位长辈教诲尤多。姑父时常与我促膝谈心，鼓励我献身救死扶伤的红十字行列，使我坚定了学医的决心。如今我从医已 40 年，深知众多老年病患的痛苦，力图尽医生之责。可惜，我未能对曾经百般呵护我的姑父母尽过丝毫心意，也未能在他们辞世后前往吊唁，想起来就感到愧疚。真应了姑父多年前的预料。姑父在 1983 年第一封给我的信中说："我和九姑离开大陆时，曾在上海送你到上海医学院，当时我就知道别后不容易再见，很为伤心。"

---

* 陈流求，著名历史学家陈寅恪长女。陈寅恪先生有三个女儿：长女陈流求，次女陈小彭，三女陈美延。

我四周岁开始记事，母亲带我从北平往南京九姑家去迎接祖父散原老人[①]北上居住，这是我记忆中首次见到姑父母，此后，我在北平、香港、重庆、南京、上海等地都与姑父母有较多的接触，往事如一部长篇电影萦绕脑际。

俞大维在读书

1943年秋，父亲应成都燕京大学之聘，带我们三姊妹由桂林入川，途中父母染疾，入冬始抵重庆，暂住观音岩兵工署宿舍姑父母家中。正值中华民族遭受外来侵略的严酷岁月，我亲眼看到姑父在兵工署长任内异常忙碌，管理着由沿海迁入及有计划建立的各兵工厂。以后每逢谈起兵工厂，姑父往往充满感情地惦记那里的种种，在信中还问我们有没有遇见以前在兵工署、交通部的熟人。

1946年，父亲双目失明，治疗失败后返清华大学执教，母亲与幼妹美延同行，我和小彭妹留南京由姑父母监护。这时，萨家湾交通部宿舍的条件大有改善，姑父的书籍得以摆开，不仅书房四壁是书，过道上紧紧排列的书架上亦填满。姑父的最大兴趣是读书，阅读的范围甚广。他热爱京剧，也喜爱各国戏剧和音乐，常让我和他一同听《蝴蝶夫人》和《卡门》等名剧的唱片。他经常询问我的学习情况，寒假期间教我念萧伯纳的剧本，其中不乏幽默词句。他挺欣赏，也不时笑起来。我问他喜欢喜剧或悲

① 陈三立，字伯严，号散原。近代同光体诗派重要代表人物，晚清维新派名臣陈宝箴之子，与谭嗣同、徐仁铸、陶菊存并称“维新四公子”。

剧？他说愿看喜剧，因为人生悲剧已经太多了。

逢晴好的夜空，姑父会在三楼的小阳台上安放一架望远镜，很有兴趣地观察天体，还喊我们一同观看，并主动讲解星座，可惜我不感兴趣，总想溜掉。

在物价飞涨的年月，维持一个大家庭可不容易，姑母多次叫我陪她到新街口一带采购日用品，她并不买高价、高质量的商品，常花不少时间去找减价货物。以前我不理解，九姑为什么如此省钱？后来才明白姑父母家的日常生活与那些发国难财和接收财的官员不能相比。

1949 年伊始，姑父因肠道疾病入住上海江湾军队医院治疗，我曾到医院替换姑母照顾几天，姑父当时体力、精神及情绪均差，但仍读书不

俞大维、陈新午夫妇在南京萨家湾住所

辍。上灯后就和我说话、谈人生、聊戏剧，还回忆他青年时代与父亲一同在国外留学的情景。那时，陈、俞两家同辈中陈寅恪、陈登恪、俞大绂、俞大缜、俞大絪等都在学校执教。曾家后裔曾宝菡医师（我们称菡四姑）在上海红房子医院就职，我的三表弟俞小济[①]就是她接生的。菡四姑一直是姑母们心中独立、自强女性的典范，姑母也希望我能成为像她那样的良医，可惜我只是个极其平凡普通的医生，远未达到老人家的期望。

那年春季，姑父母离沪到香港，仍记挂着我的学习、生活，曾寄来明信片。以后音讯阻隔，姑母与我母亲姑嫂情深，1951 年，母亲唐筼在广州曾赋诗一首，题为“寄九妹　庚寅大寒后二日阴雨”：

烟雨迷蒙隔野塘，
残梅欲盖柳争长。
何曾共话西窗夜，
人寿河清两渺茫。

如今几位长辈均已告别人世，我们姐妹亦步入老年，但我想今天海峡两岸的形势，可以告慰姑父母与父母在天之灵，河清之日，将不会渺茫了。

补　记

重新翻开十年前，我用拙笔书写出的怀念姑父母的短文，他们的音容笑貌又浮现在眼前。

十年来，我们姐妹在完成先父母骨灰入土为安的心愿后，一直没有忘

① 俞小济，俞大维与陈新午之子。

记姑父母视我们如亲生的情谊。曾探访他们曾经工作和居住过的地方，追忆当年与两位长辈相处时令人难忘的时光。

2010 年夏，我们姐妹到南京萨家湾找到姑父在抗战后任交通部部长时的住所，此房原属邮政局，当时邮政由交通部管辖。待我们寻访此处时，已变成一家公司的办公地点。见此楼房，我们百感交集。就在这幢房子里，我和二妹小彭曾受到姑父母的尽心呵护两三年，我看见姑父遇到普通市民总喜欢问："家书多少天能收到？"想来他深切体会到民众"家书抵万金"的心情。

1981 年姑母辞世，1993 年姑父仙逝，次年，台湾在金门建立"俞大维先生纪念馆"。我们姊妹一直想去祭奠，居住在美国的三表弟俞小济因健康原因不能远行，也委托我们代他前往。2011 年 10 月，经过数月筹划，多方联系，陈衡恪（师曾）、陈寅恪后代共七人分别从上海、广州、成都齐聚厦门，后登上金门岛。位于金门榕园的"俞大维先生纪念馆"并非大陆游客的景点，由于事前有约，我们一行到达后，受到金门公园管理处黄子娟、陈淑仪女士等热情接待。我们在姑父塑像前献花、行礼，参观了不算宽敞的展厅，所展出的实物紧凑、实在，增加了我对老人家晚年的了解。美中不足的是对姑父抗日战争中为中华民族作出的巨大贡献展现不足，令人遗憾。

2012 年初春时节，我到重庆市观音岩的半山坡找到抗战时期兵工署旧址，房屋虽在，却已破败不堪。伫立在旧楼前，我仿佛又看到那漫长艰苦的抗战岁月里，姑父和兵工署的同事们指挥各兵工厂运转的情形。那时，姑父领导兵工系统的职工们顶着敌机的狂轰滥炸，坚持生产，在物资条件异常匮乏的情况下夜以继日地制造枪械、弹药，保障了抗日前线的需要。

2013 年春，陈寅恪后代三辈一行七人相约从各地飞抵台北桃园机场。此行除了参访当年与先父母有关系的机构、祭奠他们的生前故旧外，还想

2011 年 10 月，陈氏后人在金门俞大维先生纪念馆参观（左四为本文作者）

探访姑父母故居。在台期间，受到台湾大学图书馆林光美馆长的热情接待和周到安排，我们找到了姑父母居住在温州街和新生南路的旧址。前者为原台湾大学傅斯年校长的宿舍，1980 年后迁往海军军方提供的住宅，两处均系日式旧房。我们在旧居前留影纪念。

林光美女士是姑父晚年的忘年交，我们诚挚地感谢她对老人家暮年的悉心照顾。姑父仙逝后，她又经常关照在台北孤身一人并常年患病的二表弟俞方济[①]，表弟病逝，也是她妥善处理后事的。我想姑父母在天之灵可以安心了吧！

2013 年 10 月

① 俞方济，俞大维与陈新午之子。

人物

傅莱：一位反法西斯战士的中国情结

聂红丰 *

在历届全国政协委员中，有八九位中国籍外国裔的委员，其中一位个子高高的就是奥地利裔的傅莱。

我和傅莱相识于 1998 年，他那时是全国政协外事委员会的联系委员，而我当时在外委会办公室工作。其后我才知道，他曾是第六、七、八、九届全国政协委员，说得上是个“资深”委员了。

一

傅莱，原名理查德·石泰因，1920 年 2 月 11 日出生在奥地利维也纳市，是一个犹太血统家庭的独子，有着幸福的童年和青少年。他父亲曾是地方财务官员，母亲是擅做女服的裁缝。傅莱的理想是将来成为一名医生，因此在上中学时就在刻苦读书之余参加医学知识的学习和培训。就在这时，为追求进步，他主动接受了马克思主义，经常参加奥地利共产党和青少年的进步活动。

德国法西斯于 1938 年 3 月吞并奥地利后，疯狂实施法西斯政策和种

* 聂红丰，曾任全国政协办公厅外事局副巡视员。

族歧视政策，残酷迫害、屠杀共产党员和进步人士以及犹太人。1938 年，即将高中毕业的傅莱因积极参加反法西斯斗争而被列入抓捕黑名单。为逃避盖世太保的追捕，他只得放弃在维也纳玛利亚医院的工作，被迫流亡。在如此险恶紧迫的情形下，他想到遥远的中国。因为当时的中国是世界上仅有的几个接受犹太人的国家之一，而且有中国共产党领导的顽强抗日的革命队伍，正在进行着一场声势浩大的革命。因此，不满 19 岁的傅莱几经辗转，终于在 1939 年 1 月 15 日抵达上海，来到了一个在他看来能继续进行革命活动的国家，一个国际反法西斯统一战线的国家。

傅莱

傅莱先后在上海虹口难民传染病隔离医院、天津德美医院、北京道济医院、顺德府福音医院、天津马大夫医院参加医务工作，同时寻机投奔八路军。后又到邢台、北平等地寻找中国共产党地下党组织。经过不懈的寻找，傅莱和北平中共地下党组织取得了联系，并于 1941 年秋，穿过敌人封锁线，到达了向往已久的八路军晋察冀抗日根据地，从此开始了中国革命事业的生涯。晋察冀抗日根据地是我党我军在华北敌后创建的第一个抗日根据地。1937 年 10 月，中国共产党成立了晋察冀军区，由聂荣臻担任司令员兼政治委员。傅莱先到达的是八路军平西根据地司令部，经八路军第一军分区司令部到达阜平县八路军总部。聂荣臻亲自安排他到为八路军培养医务人才的白求恩学校当了一名教师。

1941 年到 1944 年，时处抗日战争最艰苦的岁月，傅莱成为另一位国际共产主义战士、印度医生柯棣华同志的助手和亲密战友。柯棣华当时是白求恩国际和平医院的院长，而医院和学校实际是在一起。傅莱在白求恩学校一方面任教，一方面与学生们一起参加战地救护和部队卫生工作。

傅莱努力学习汉语，克服了医学教材和实验器材奇缺等种种困难，想方设法做好教学工作，当好会讲中国话的“洋教官”。在编写教材和讲课时，他先用自己的母语德文写好讲稿，然后借助字典将讲稿翻译成中文，再请同志们把他不认识的汉字标上读音，最后自己再认真练习发音。他工作时非常认真，一丝不苟。他准备的教案需要经过三道工序：先德文，再中文，再注音。为讲好每一堂课，他都要在头天十分认真地备课到深夜。他的讲课形象生动，活泼有趣，通俗易懂，受到学员们的欢迎。一年多后，他的中国话就运用自如了。

学校专门给予傅莱“特殊照顾”：可以使用有两个油捻的油灯。在那艰难困苦的反扫荡时期，部队战士经常靠吃黑豆野菜过生活，却为傅莱配给小米和面粉，傅莱深为感激，并为之不安。他主动提出放弃配给自己

1942 年 2 月，傅莱刚到晋察冀边区时的照片。左起：布朗基、唐儒、罗元发、傅莱、杨成武、林迈可、李效黎

的待遇，和战士们一样喝稀粥、吃黑豆。他庆幸生活在这样一个好的环境里，周围有一群意气风发、乐于助人的同志，他们的热情使人不能稍有懈怠。他内心的感言是：要有恒心，准备在中国干一辈子。

在日寇疯狂扫荡中，傅莱经常在战场上出生入死地救护伤员。傅莱的战友胡宁感慨地回忆说："炮弹炸起来的土石埋住了伤员，为救伤员，傅莱曾冒着日军的炮火冲上前线，用手拼命刨，手上皮肉都烂了，到处是血。他就是这样一个外国人，能将自己的生死置之度外，给我留下了深刻印象。"

聂荣臻司令员根据德语"自由"（frei）一词发音的谐音为这个"洋战士"取了个中国名字——傅莱。他曾对傅莱说："你从法西斯铁蹄下的祖国来中国参加八路军，从而获得了自由，叫这个名字很好。"从此，傅莱一直自豪地使用这个名字，和中国人民一道肩并肩地抵抗日本侵略者，一起度过艰苦卓绝的抗战岁月。

1942 年 7 月 5 日，晋察冀军区司令员兼政治委员聂荣臻、副司令员萧克签署了第 61 号令，任命傅莱担任军区医药指导委员会委员。1943 年，晋察冀边区流行麻疹、疟疾等传染病。由于日寇的封锁，根据地药品奇缺，很多病人得不到医治，这让傅莱忧心如焚。他想到中医或许有办法，就虚心向老中医求教，找到了针灸治疗疟疾的方法。没有足够针灸用针，他就用缝衣针代替，不辞辛苦，到作战部队组织运用和推广，有效地控制了病情的蔓延，减少了病人的痛苦、避免了部队不必要的减员，收到了很好的效果，取得了边区战胜疟疾流行病的胜利。为此，傅莱受到毛泽东主席、朱德总司令和聂荣臻司令员的赞扬，八路军总部通报全军表扬。

1942 年 3 月 1 日，杨成武在晋察冀边区为傅莱送行的纪念信中这样写道："在太平洋风云变色，日本法西斯更进一步地摧残北平的瞬间，你脱离险地，历尽万难，光临抗日根据地的晋察冀边区，我谨以十分的热忱欢迎你，并祝你健康！你不辞辛苦以高超的医术给我们数百个为抗日而负伤成疾的战友诊治，给了我们很多的帮助，更使我们对你十分的感激。”

就是在那样十分艰苦的岁月里，傅莱以不怕吃苦、不怕牺牲的革命精神，为党的事业，为中国反抗日本法西斯披肝沥胆，在枪炮声中锻炼成长。1944 年秋，经聂荣臻司令员介绍，傅莱光荣地加入了中国共产党。1944 年 11 月 22 日，时任中共中央组织部负责人的彭真同志亲笔签署了批准傅莱加入中国共产党的通知书。

1944 年秋，党组织派遣傅莱前往陕甘宁边区，在革命圣地延安的中国医科大学传染内科开展教学、医疗和科研工作。由于工作出色，陕甘宁边区政府向傅莱颁发了“热心医药卫生工作”的嘉奖状。1945 年初，傅莱带领两名助手，在延安中国医科大学创建生化实验室。在药品来源困难、条件极其艰苦的情况下，他们利用美国援华的盘尼西林（即青霉素）菌种，经几十次实验，成功制造出粗制盘尼西林，解决了军地急需医治伤病的用药，有效地缓解了八路军药品奇缺的困难，挽救了许多负伤将士的生命。为此，傅莱受到了陕甘宁边区政府主席林伯渠的褒奖。1945 年 5 月 20 日，在边区参议会大礼堂举行的首次医药学术报告会上，傅莱介绍了粗制盘尼西林的研制经过。《解放日报》对医药学术报告会的首次召开、粗制盘尼西林的研制经过和疗效作了报道。宋庆龄主办的英文报刊《中国新闻》也刊登了相关介绍文章。

抗战胜利后，傅莱任华北军区卫生部顾问。随着解放战争的进程，他带着 X 光机和医疗器具，承担了解放太原和天津战役的战地第二线医疗救护任务。伴随着解放战争的节节胜利，傅莱随军从华北来到大西南，先后任西南军政委员会卫生部公共卫生处负责人、重庆市卫生局顾问、重庆医学院卫生系教授。在西南地区工作时，傅莱经常深入边远农村和少数民族地区，了解地方病及传染病的发病情况，撰写了大量的调查报告，为我国疾病预防工作提供了翔实的宝贵资料。

二

1953年4月3日，新中国进行了第一次全国人口普查，傅莱欣然加入了中国国籍，从一位中国人民的友人，成为中国人民的一员。在谈到这些往事时，傅莱曾感慨地说："战争结束后，我本可以回奥地利继续深造。我知道，留在奥地利也许我会更富有，可是我到哪里去找寻在中国艰苦岁月中建立的人与人之间的那种真诚和友爱呢?"傅莱自豪地对朋友们说："中国是我的第二祖国!"他为自己的命运与中国人民的命运完全融为一体而欣慰。他深深眷恋中国这块土地，热爱生活在这里的人民，毅然放弃了回国继续深造的计划，选择了参与建设中国社会主义的道路。

全国解放后，傅莱将全部心血和精力投入到新中国的医学和医疗事业的建设之中。从1962年至逝世，他历任中国医学科学院顾问、北京协和医学院顾问、中国医学信息研究所所长、图书馆馆长、名誉所长和名誉馆长等职务。

解放初期傅莱在重庆

傅莱开创性地建立起我国医学信息网络。他重视有效地利用现有的医学信息资源，建立起全国医学情报网络，为发展医药卫生事业提供高质量的文献和信息服务。

他领导建成的中国第一个大型医学文献计算机检索系统，为中国生物医学情报中心、中国医学情报和医学图书馆事业的现代化建设作出了重大的贡献，为中国的医疗机构提供了快速和高质量的医学信息服务。他注重培养年轻的科研人才，引导医学情报研究人员努力掌握信息收集方法，一要从资料的海洋中搜寻和筛选有价值的信息，二要深入基层，提高情报信息对基层科研、医疗、教学工作的针对性和实践作用。傅莱采用调动各级情报信息员的积极性，采取分步骤的做法，先后建立起东北、华北、华东、华南、西北和西南六大地区的信息网络，再逐步推广到各省、自治区、直辖市。这一网络的建成，对沟通国内外的医学信息发挥了十分重要的作用。

1982 年，在傅莱积极协调、参与和帮助下，中国医学科学院医学信息研究所从美国引进并经过数年努力，终于建成了世界上第 16 个 MEDLARS 中心，这也是我国第一个大型医学文献计算机检索系统，为中国医学科学事业的发展发挥着越来越大的作用。傅莱组织医学信息研究所的同志，用了几年时间，精心编制了具有我国特点的医学主题词表，绘制了 60 多种分类表和几万张卡片。傅莱等人为建立我国的医学检索体系奠定了坚实的基础。1987 年，他获得卫生部颁发的科学贡献奖。

1985 年后，年过花甲的傅莱仍非常关心医学信息研究所和医学图书馆的建设与发展，提出过许多合理化建议。他曾不辞辛苦地到许多国家及国内的二十几个省、自治区、直辖市，为我国的对外医学科研交流牵线搭桥。

在先后担任第六、七、八、九届全国政协委员期间，傅莱不顾年迈有病，经常参加全国政协组织的委员考察、视察、参观、座谈、会见外宾、会议等活动。在深入基层了解情况时，他是那么地专注和认真！在和年轻人交流时总不能忘怀过去那些艰苦的环境和岁月，他那对乡亲们的浓浓深情，总令人感动。他说："经历了两次反扫荡，使我懂得了中国贫雇农的伟大，他们宁可自己吃糠，也要把仅有的粮食捐献给前方战士。乡亲们为部队种菜，自己却吃榆树叶。为掩护部队和疏散伤员，牺牲了多少自己的儿女！为什么共产党人要以为人民服务为宗旨，就是因为，离开了人民群众，我们一天也活不下去。”这些铿锵有力的话说得多么好啊！作为政协委员，他认真履行职能，谏真言、献良策。我曾聆听他在政协会议上掷地有声的呼吁：“我们为老区人民做得太少了，他们的生活虽比以前好多了，但有些地区改善不大，我希望各级领导、先富起来的地区多多支持、多多帮助老区，让那里的人民尽快脱贫致富！不要忘了，他们为中国革命的胜利付出了太大的代价，作出过太多的贡献！”

我记得，外事委员会委员赴卢沟桥视察抗日战争纪念馆尚未竣工的二期工程。在纪念馆负责人收集委员意见时，傅莱委员毫不留情地对某些布展方式提出批评，并说明自己的看法。他说，日本法西斯侵略者确实残忍，屠杀了无数的中国人，我们不能也不应该忘记。但纪念馆的功能是以教育人为主的。这样过于血腥、残忍和暴力的布展方式对孩童的身心成长不利，布展方式应多种多样。这一看法当场就获得其他委员的赞同。而纪念馆工作人员在刚听到意见时，看到的是一位白发苍苍的“外国老者”在直抒己见，不禁大为惊讶，悄悄向我询问。在我简要介绍傅莱委员的情况后，他说，这真是“老八路”，说的话比咱们共产党员还革命！我说：“他就是共产党员啊！”听完我的话，只见他满脸崇敬的神色望着正在发言的傅莱委员。这件小事给我留下了难以忘怀的印象。

傅莱十分珍惜政协委员的权利和义务，十分关注改革开放事业，积极参政议政，为国家经济发展和社会进步建言献策，特别是在医疗事业、农村卫生保健工作和医德医风建设方面，提交了许多好的建议和提案，受到有关部门的高度重视。

晚年的傅莱身患肺心病。住院期间，外事委员会曾委托李北海副主任前往医院看望，我作为工作人员陪同。进入病房，看到床边的电脑正在运行，原来是他时常利用电脑查找信息。

2004 年 11 月 16 日，傅莱因病逝世，享年 84 岁。

三

傅莱去世后，我再次陪同李北海副主任前往家中向傅莱夫人江国珍女士表示慰问和哀悼。正是此次与江国珍女士的接触，以及随后与傅莱二子李兵弟同志的多次联系，让我加深了对傅莱的了解。

1945 年，傅莱在延安与也是抗日战士的李滨珠同志结婚。李滨珠，1921 年出生于河南偃师，1936 年参加革命，1938 年初入党，同年赴延安参加抗战。他们育有二子一女，在 50 年代离婚。1995 年，李滨珠在维也纳探望女儿期间，不幸中风瘫痪。她在奥地利国家医院接受诊治和住院期间，曾长期得到奥地利政府和中国驻奥地利大使馆的重视和关照。2005 年，在纪念抗战胜利 60 周年之际，中国驻奥地利大使卢永华夫妇代表中国政府和人民，专程前往奥地利国家疗养院探望李滨珠同志。2007 年 7 月，李滨珠同志在维也纳逝世并长眠在那里。中国驻奥地利大使馆和奥中友协都敬献了花圈，中国驻奥使馆临时代办、政务参赞王顺卿出席李滨珠同志追悼会并致悼词。60 年代初，傅莱与江国珍女士结婚，育有一子。

在 50 年代，傅莱曾获得中华人民共和国三级独立自由勋章和三级解放勋章。但在“文化大革命”期间，傅莱不仅遭到了知识分子“靠边站”的厄运，还被怀疑是“希特勒派遣的小集团”成员，受到监视和调查。虽然命运多舛，他却始终对这片黄土地不离不弃、忠贞不渝，始终保持着共产党员的坚定信念。作为医务工作者，他认为，医务人员应当学习白求恩的精神，做到技术精益求精，医德高尚，全心全意为病人服务。他长期担任“中国白求恩精神研究会”顾问，多次组织有关活动，致力于发扬光大白求恩精神。

傅莱始终贴近人民大众，一直关心国内外大事。他常常利用各种机会向奥地利和其他许多国家的人民宣传、介绍新中国的经济建设成就和文化发展成果，许多外国朋友通过他认识和了解了发展变化中的中国。九届全国政协期间，我随全国政协代表团出访奥地利。一个风雨交加的傍晚，我在维也纳的街头就曾碰到步履匆匆、白发飘飘的傅莱委员正冒雨赶往代表团的活动地点。他的出席大大有助于中奥双方的沟通和了解。

傅莱逝世后，胡锦涛主席、温家宝总理办公室打来电话，向江国珍女士及傅莱子女转达了党和国家领导人的哀悼和慰问之情。11 月 18 日，奥地利总统海因茨·菲舍尔以个人和奥地利共和国的名义发来唁电，表示哀悼并高度评价傅莱，同时回忆与傅莱多次在维也纳或北京的碰面和交谈。

11 月 16 日，奥地利驻华大使史伟发来唁文："傅莱先生的一生，正是中奥两国当代交往历史的真实写照。他从中产生的影响，给所有熟悉他的人留下了深刻的印象。他在奥地利众多的朋友也会深深地为他的去世感到遗憾，并将他永远保存在记忆之中。"同日，中国驻奥地利大使卢永华以使馆及个人名义发来唁电，评价"傅莱同志为中国人民的革命和建设事业、为中奥两国和两国人民的友好作出了重要贡献，他的去世是我们的巨大损失"。

为了纪念并缅怀傅莱委员为中华民族独立、中国人民的解放事业和对促进中奥友谊所作出的贡献，2006 年，由中国人民政治协商会议全国委员会专门出资制作了一块大理石纪念牌，并将奥地利总统海因茨·菲舍尔纪念傅莱的题词镏金镌刻其上：

> 理查德·傅莱，由于受纳粹专制的迫害，被迫离开了他的家乡奥地利后，在他的第二故乡中国，通过积极的参政，当选为中国人民政治协商会议全国委员会委员，赢得了很高的声望。我们将满怀崇敬的心情永远地缅怀他。
>
> 海因茨·菲舍尔博士
>
> 奥地利联邦共和国总统

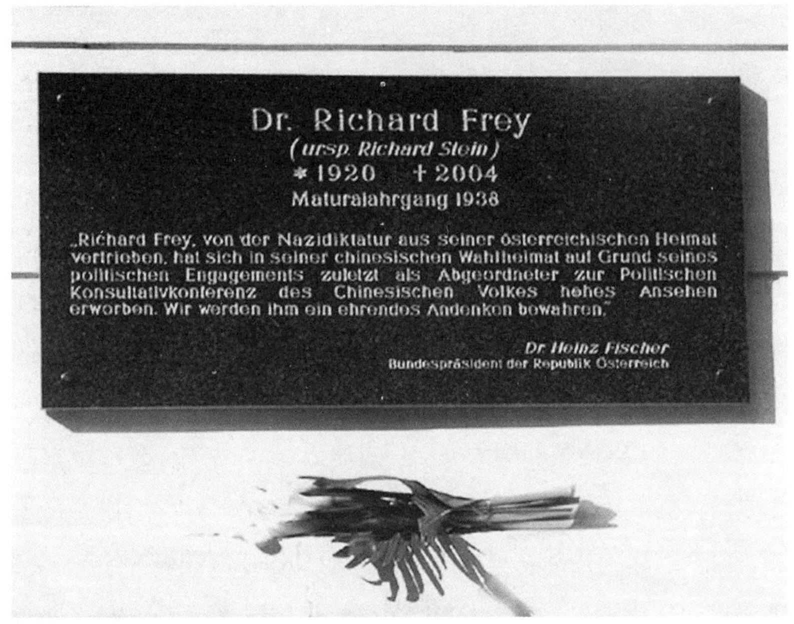

2006 年 2 月 21 日，由全国政协制作、奥地利总统题词的纪念牌，在傅莱曾就读的维也纳中学揭幕

2006 年 2 月 21 日，在傅莱曾求学的奥地利维也纳市 19 区杜普林根中学，隆重举行了傅莱纪念牌揭幕仪式。中国驻奥地利大使卢永华，杜普林根中学校长雷瓦尔德纳，19 区区长蒂勒，维也纳市教育局局长米歇尔，历史学教授克里斯特，奥地利驻华前两任大使魏德、布科夫斯基，以及傅莱的子女并 200 多名师生出席。他们在讲话中高度评价了傅莱为中国人民抗击侵略、解放事业和新中国建设事业，以及为中奥友好作出的宝贵贡献。在为傅莱树立纪念牌一事中，中国驻奥地利使馆曾积极建议并多次与奥有关方面协商，最终由全国政协出资玉成此事。正如卢永华大使所说："2006 年是中奥建交 35 周年，奥地利政府特意将这一年定为'中国年'。我相信，在中奥双方共同努力之下，两国人民的传统友谊一定会进一步深化。镌刻在维也纳杜普林根中学的傅莱先生纪念牌就是两国人民友谊的象征，它一定会激励更多的人像傅莱先生那样，为发展中奥两国人民的友好

事业努力奋斗。”

傅莱在逝世前四年曾写下一封题为“告别前的留言”的信件：

我，傅莱，生于奥地利维也纳。1938年春天，法西斯德国的铁蹄入侵我的祖国。迫于法西斯德国残酷的种族迫害，我不得不背井离乡，远赴伟大的文明古国——中国，侨居上海。而当时恰逢日本帝国主义发动侵略战争，入侵中国。我对法西斯主义如此无耻野蛮的侵略行径极为痛恨，遂于1941年义无反顾地投身于晋察冀军区的抗日洪流之中。在长期的抗日斗争中，我加入了伟大的中国共产党，我与广大的中国人民建立了深厚的感情，并对中国这片辽阔的土地生出了深深的眷恋之情。由于上述原因，在中国抗日战争取得胜利、中华人民共和国成立后，我决定定居在中国。我现在已值暮年，大半生都奉献给了我的第二祖国——中国。虽然，我为中国人民的解放事业和新中国的建设事业贡献了菲薄之力，但中国人民和政府却给予了我极大的关怀和照顾。在此，我深深地感谢这片美丽的土地和这里善良的人民。

我是一名中国共产党党员，是彻底的唯物主义者。我深深眷恋中国这片伟大的土地，并非常怀念纯朴无私的中国人民。在抗日战争的洗礼中，我与很多的中国朋友并肩战斗。在艰苦的战争年月中，他们勇敢无畏地与敌人进行斗争，为了理想不惜牺牲自己的生命。我深深折服于他们伟大的人格，并有幸与他们中的很多人建立了牢固的友谊。现在，他们中的有些人已经故去，我十分怀念他们，很希望在自己身后能够与他们长眠在一起，因此，在百年之后，我希望将遗体献给医疗科研使用，火化以后将骨灰撒在河北省唐县葛洪村的田野之中，那是我曾经同很多朋友战斗和工作过的地方。我希望可以常伴那片可爱的土地以及那里的人民。

最后，我衷心地祝愿伟大的中国人民在未来和平的岁月里，生活得更加幸福和美满。同时，在经济发展中创出更大成就。

从这些平实感人的文字里，能够清晰地感觉到傅莱对人生的坦荡，对追随中国共产党的执着，以及对中国人民的深情。

按照傅莱生前夙愿，他的部分身体器官捐献给了中国协和医科大学，用做医学实验和研究。2007 年 7 月 23 日，中国医学科学院与河北省唐县人民政府在河北省烈士陵园举行了傅莱墓地落成揭幕仪式。其墓地与白求恩、柯棣华同志的陵墓为伴。三位将自己毕生奉献给了中国人民的国际共产主义战士，在他们曾经战斗、生活过的地方相聚。

人物

把一生献给核试验事业

喻名德

编者按：邓小平同志曾深刻地指出："如果60年代以来中国没有原子弹、氢弹，没有发射卫星，中国就不能叫有重要影响的大国，就没有现在这样的国际地位。"喻名德是新中国培养的第一批核专家之一，他扎根马兰核试验基地40多年，为我国的核试验事业作出了重要贡献。

走出三湘地　就学哈军工

1940年，我出生于三湘大地——湖南长沙宁乡县，祖辈务农。1959年，我从邵阳市一中高中毕业参加高考，考试成绩不错，按照当年录取的分数线是可以上第一志愿学校的。考试后不久，中学领导找到我，说现在国家迫切需要培养一批国防尖端科技人才，军事院校已经来校挑选优秀学生，根据你的家庭出身、一贯表现和高考成绩综合衡量，他们认为你符合军事院校录取标准。学校领导就说这些，没有别的交代。没过多久，我便收到了中国人民解放军军事工程学院（哈军工）的录取通知书，要求8月下旬在长沙集中，由该院军官领队前往哈尔滨。此时距解放已经十年了，我父母对党和解放军有一定的感情，认为既然组织上看得上我、信任我，就一致支持我去哈军工读书。这样，我就离别父母，到冰城哈尔滨开始了为期五年的军校学习生活。入校后得知被分配在原子工程系，未来的专业就是同核武器核试验打交道。

处于初创时期的哈军工，物质生活条件艰苦，教学条件十分简陋。欧美对我国实行封锁，尖端技术更是绝对禁运；在新组建的原子工程系，既缺教材，更缺教学设备，大多数教员也是毕业不久的年轻大学生。但我们没有被困难吓倒，在艰苦的环境下，自力更生、艰苦奋斗，没有条件，创造条件也要上，严格按教学计划开展各项教学活动。教员向我们全面讲解他们从国内外文献资料上搜集到的核武器和核试验的知识，从最基本的物理原理开始，十分系统、详细，还陆续邀请著名的核技术专家来校讲学、做报告。印象最深的是钱三强和何泽慧夫妇来学校做报告的事。我们被他们渊博的学识所折服，更为他们妙趣横生的语言所倾倒。报告最后，他们让听众提问，记得有个同学不好意思地问道："我们年轻人从事核技术工作，因为可能有放射性照射，会不会影响下一代？"等大家笑声过后，钱三强老师笑着说："这件事情我们还真有点发言权。我和何老师一直和核技术打交道，我们生育的几个孩子和别人家的孩子没有什么不同。如果要找点差别的话，我觉得我们家的孩子更精力旺盛、更调皮捣蛋些。"他的回答又赢得一片笑声。紧接着，他非常郑重地指出：从事核技术操作，一定要按规定做好防护，千万不能麻痹大意。

在哈军工五年学习的经历，让我们深感国家为我们创造出这么好的学习环境是很不容易的。五年的学习，不但学习了丰富的科学技术知识，使我从一个懵懵懂懂的年轻人，逐渐成长为献身国防科技事业的科技人员，完成了从普通老百姓到一个军人的转变。这种转变牵涉到觉悟提高、思想飞跃、作风养成和人生价值观的历练，一辈子受益匪浅。毕业前夕，同学们纷纷表态，要到祖国最需要的地方去，矢志不渝地献身国防科技事业。这是发自内心的呼声，大家都无条件服从分配。

艰苦搞创业　无私献青春

1964 年毕业后，我被分配到当时的国防科委二十一所工作。先在北京，后来搬迁到新疆，从此便与我国唯一核试验基地——马兰结下了不解之缘，一干就是 50 年。我参加了我国首次核试验一个力学测试项目（代号甲 09）的技术准备，但没进场参试。1967 年 1 月，我们一个小分队从北京搬迁新疆，因有“文化大革命”干扰，坐着闷罐车一路上走走停停，前后花了七天时间才到达马兰，从此全身心投入到基地艰苦创业的洪流中。基地命名为马兰是因为当地常年生长着一种马兰花，这些花儿既不怕风吹雨打，也能够承受干旱，在戈壁滩上顽强生长。核试验场区坐落在新疆罗布泊腹地，自然环境非常艰苦，常年干旱少雨。当地水含镁较多，不收敛，喝下去，肯定拉稀。温差很大，一天早晚的温差达到 20—30 摄氏度很正常。风沙很大，经常会起沙尘暴。当年的外场作业，经常是五个人住一顶帐篷，有的帐篷在半夜里被风沙掀掉，或者帐篷门被沙子埋堵住。我曾经历过好几次，早晨醒来发现帐篷被风吹跑了，被子上覆盖一层沙子。有的同志怕冷而戴大皮帽睡觉，大皮帽也被沙子埋住了。三年困难期间，粮食短缺，我们的科技专家和广大官兵就靠榆树叶充饥。场区有一条榆树沟，沟里有几十棵榆树，树叶刚刚长出来，就被薅个精光。看着光秃秃的一沟榆树，在枪林弹雨中连眼睛都不眨的基地司令员张蕴钰将军流泪了，他说：这些都是功勋树，以后谁也不准砍，谁砍我就找谁。铁骨写忠诚，丹心照大漠。马兰人正是靠着这种大无畏的精神，度过了那个艰苦的岁月，成就了伟大的事业。

当时，“艰苦奋斗、无私奉献”的马兰精神确实成为我们的动力，是我们的精神支柱。那时候党组织战斗力很强，对于像我这样的年轻知识分子很关心，不但解决我们的思想问题，在生活上也十分照顾。记得有一位姓冯的党务工作者，我们都叫他冯干事，每次执行核试验任务，他都来我们组同吃同住同劳动。有什么脏活、苦活、累活，他都抢着干；但每当吃饭的时候，他总来得最晚，他比我们大几岁，总是让菜让饭让我们吃个饱，他自己总是凑合。从他身上，我感受到一名优秀共产党员的忠诚品格。他说话做事，大家都很信服，让我们感受到什么是吃苦在前、享受在后。大家有什么私房话都乐意同冯干事交谈。当年我们都年轻，如果找对象有困难，或者谈对象遇挫折，都愿意告诉他，听取他的指点帮助，视他为贴心人，他成了我们这个小组的主心骨，给我们的直接感受是：党就在身边，党的领导就在眼前。

起初，我承担的具体工作是用力学方法测定核爆炸的当量并负责速报。这是一项重要的工作。总当量是判断一次核爆炸是否成功的主要依据之一，也是衡量一个国家核试验技术水平的重要指标。当年我国的整体工业水平较低，技术上又被西方国家封锁，很多测试所需要的仪器设备既不可能从国内市场采购，也不可能从国外进口。因此，不得不依靠我们自己从头摸索，进行研究设计，然后再委托国内技术力量较强的单位加工。当时，全国都支持核试验事业，围绕核试验的外协单位遍布全国各地，各个单位都挑选最优秀的技术工人和机器设备生产我们委托的产品。我们再从这些产品里优中选优。选出的仪器我们还要提前进行性能测试。我记得其中有一个测量仪用的继电器，为了鉴定它的可靠性，我们连续测试了上千次。在历次核试验中，一直遵循周总理提出的“严肃认真，周到细致，稳妥可靠，万无一失”的十六字方针，只有经过最严格检测考验的仪器设备，才能投入使用。因为核爆炸在瞬间完成，不可能重来，不允许控制和测试出现失败。判定核试验是否成功，主要靠测试数据说话，因此测试工作必须严格谨慎，一丝不苟，不允许有半点马虎。为了反复演练，在模拟试验中考验，在正式用于核爆炸测量之前，往往要先进行多次常规化学爆炸，在化爆中检验仪器设备的使用性能（包括技术指标、安全性、可靠性等），发现问题再及时进行调试、整改。

当年，美、苏等有核国家对我国实行严格的核技术封锁，凡与核有关的新理论、新技术，我们都不能直接获取，只能从国外公开发行的一些学术期刊上捕捉一些支离破碎的动态信息。但困难压不倒我们，刻苦学习英语、日语和俄语等外国语言蔚然成风，图书馆的外文期刊是利用率最高的资源，进了图书馆期刊室，常常一天要坚持十几个甚至二十几个小时，虽然很艰苦，但我们却很充实。可以说，我们把青春献给了实验室，献给了图书馆，献给了戈壁滩！

沙尘暴里修工事　蘑菇云下扎营盘

后来，上级找我谈话，让我改行搞核试验工程。开始，真有些想不通，主要考虑的是自己在核测试及相关研究方面已经积累了一些心得体会，正想往前推进一步。再就是自己对核试验工程建设基本上是外行，心里没底，怕干不好。领导知道我有些顾虑，几次找我谈话，鼓励我大胆去干，用心去学，并说核试验事业的方方面面都需要有人去工作、去开拓，谁也不可能一开始就什么都会干，只要从头去学，就有可能干好。当我真正了解到这是核试验事业发展的需要后，便服从组织安排，开始了在“沙尘暴里修工事”的工作。几十年来，因工作需要由上级指定，我的工作岗位和专业方向曾先后变换过七八次，我都服从组织决定去适应了这些变换。

核试验工程不同于一般民用建筑工程，并且比普通军事工程的要求还高。在荒漠戈壁滩施工，困难较多。举一个简单例子，当地水源很少，水中含盐碱又多，不能直接用于施工，必须用汽车从远处拉水进来。托举第一颗原子弹的塔架底座，必须用淡水拌浆进行浇注。场区内都是又苦又涩的盐碱水，大家便从四五百公里以外的马兰运来淡水。谁不想喝上一口淡水啊！但大家宁可喝盐碱水，也要把每一滴淡水留给施工用。我们建造的核试验工事，不但要经受住恶劣自然环境的影响，经受住沙尘暴的洗礼，更要经受住核爆炸的考验。有些效应工事就是要测试在核爆炸情况下的耐受程度和破坏程度，为了解今后可能用于核战争防护的效果积累全面和系统的研究数据资料。这些工事的施工建造采用高标准，使用的工程材料也要求高质量。

在进行地下核试验时，要先修建更多的地下核试验工程。工程既要适应地下核试验特殊的环境条件，又必须满足地下核试验安全、控制、测试、回收、取样等方面的使用要求。

地下核试验工程，一次性承受核爆炸造成的巨大冲击载荷，需要进行高抗力结构设计；地下核试验工程大多是一次性使用，重复性很低，不利于积累实践经验教训用以指导后续设计；并且是在放射污染介质中使用，很难用开挖调查方法评估应用效果。工程设计比普通军事工程设计更加复杂，难度更大。我国选择走有中国特色的工程技术发展道路，较好地满足了地下核试验事业持续发展的需要。后期，在我的主持下，编写了关于平洞核试验工程、竖井核试验工程和核试验地面工程三个工程设计规范，正式纳入全军工程建设行业标准。

改革开放 30 多年来，国家的经济实力得到很大增长，党和国家很关心我们这些长年奋斗在核试验第一线的科技工作者，逐步改善了生活条件和工作环境，马兰基地的建设有了很大的改观，今日的马兰基地已经面貌一新，到处生机勃勃、充满活力。

再次转变专业方向，全力研究污染治理

在 1964 到 1996 年的 30 多年间，马兰基地一次次核试验成功的消息给全国人民带来了许多无比骄傲的时刻。但也在核试验场造成了一定程度

的放射性污染。在我将要退休的前几年，组织上交给我一项重要任务，就是主持大气层核试验场放射性污染治理的技术研究工作。对于我，这是技术上的一个全新领域，是摆在我面前的一次转变和挑战。但这次转行与前几次不同，我的顾虑少了，固然是因为有组织上的信任，有国家的支持，但更重要的是，现在的经济基础、社会环境及技术条件和 60 年代创业初期相比不可同日而语，信息丰富了、技术手段发达了，国际环境大为改观，我国同其他有核国家关系良好，为开展技术交流和人才培养创造了条件，这些为我做好污染治理研究工作打下了基础，我的信心增强了，并树立了一个信念，那就是首先查清污染现状，有能力施治者给予治理，暂不能治理者也一定有个交代。国防科工委主任朱光亚提出：至少应给后人拿出一个清单。

决心好下，事情做起来还是会遇到很多难题。核试验场放射性污染治理是核试验事业的继续，是整个核试验事业的最后一个工程环节，难点多、难度大，不仅在中国，就是在发达的欧美国家，核试验场放射性污染治理也是一个难题，目前，世界上还没有找到一个能全面、彻底治理的完美解决方案。我多次率队开赴罗布泊腹地实地调查；组织技术人员到国内相近专业技术单位和国外考察，了解技术动态，积极筹划参加国内外学术会议。要想获得与国际同行平等对话的机会，自己首先要成为行家乃至专家。有一次，我率领四人小分队去北美一个探测技术研究所考察，出发前我做了认真准备，不但了解对方的情况，还弄清楚世界上先进国家在该专业领域的现状。我们到该所后，对方接待人员接连换了三次。开始，只是派了一名年轻女性技术人员讲解，当她听到我提出的问题难以解答时，便立即报告上司，于是换成了部门经理。后来，该经理难以应付技术讨论，又报告上司，最后换成首席设计师。该所两位所长都出席参加讨论，气氛十分活跃，并共进晚餐。临别时，那位技术所长说，你们考虑仔细，研究有深度、有水平。

核试验污染治理的第一步是全面源项调查，即采取航测和地面探测等方式全面掌握试验场区的污染现状，展开治理技术研究，制定治理工程总体方案和工程计划，最后才实施核试验场污染治理的现场工程。了解核试验污染现状，必须到污染场区实地考察、调查、测量。飞机航测只是做宏观整体的检测及评估，实地考察、测量仍然必不可少。我坐着汽车，穿上橡胶防护服，戴上防毒面具，背上氧气瓶，冒着生命危险回收试验区内的测量仪器设备，先后几次跑遍了整个污染区，成为勇闯污染区的第一批科技人员。考察十分艰苦，污染区地域广阔，地理环境极为复杂。每天，我要率领科研小组穿着防化服，在没有路的戈壁滩上奔驰一二百公里，勘察每一个试验点。戈壁滩早晚温差大，倾盆大雨说来就来，有时帐篷变成了储水窖，有时汽车一半陷入沙窝中。但我时刻提醒自己：在我有生之年一定要拿下罗布泊，为我国核环境科学获取第一手的研究资料。由于长期承受汽车的颠簸，我的脊柱椎间盘严重膨出，压迫神经而致双下肢疼痛不已，到 2001 年，已严重到不能站立或坐下，只能躺着。不得不在北京 306 医院接受手术治疗。感谢各方重视，手术效果很好。我想一定要善始善终，继续投入核放射性污染治理的技术研究，为我国核试验事业再贡献一点力量。

今生做事就一件，一切为了核试验

1999 年 9 月，党和国家在人民大会堂隆重表彰了 23 位“两弹一星”的元勋。其中就有 10 位元勋是直接从事核武器和核试验事业的第一代杰出专家学者。他们是新中国开创尖端科学技术研究并取得辉煌成就的优秀科技工作者代表，在他们身上所体现出来的“两弹一星”精神被概括为：“热爱祖国、无私奉献、自力更生、艰苦奋斗、大力协同、勇于攀登。”这是中华民族的宝贵精神财富，也是社会主义核心价值观的重要组成部

作者在办公室

分。原子弹和氢弹的研制试验成功是“两弹一星”成就的标志性事件，马兰是“两弹一星”精神的主要发源地之一。“两弹一星”精神和马兰精神，永远是激励我奋勇前行的精神动力。

回顾我这一生，要感谢国家和人民对我殷切不懈的长期培养，使我从一个懵懂少年成长为一名研究员、教授，成长为一名终身从事核试验事业的专家，成长为一名中国人民解放军少将，可以说自己没有虚度年华，没有碌碌无为。最后，我想用 1996 年暂停核试验时所写的一首小诗作为结束：

三十多年不一般，往事铿锵苦中欢。
沙尘暴里修工事，蘑菇云下扎营盘。
战士成功炸北洞，领袖欣喜卧南山。
风流几代谁相识？红柳黄羊戈壁滩。

（马俊波　整理）

人物

我所知道的“北大三沈”

沈长庆[*]

“北大三沈”称谓之由来

今天提起“北大三沈”已经不大为人所知了。此称谓是指曾于20世纪20年代同时任教于北京大学的我祖父三兄弟，即我的大祖父沈士远、祖父沈尹默、三祖父沈兼士，他们当时被学界称为“北大三沈”。其实此称谓当时仅流行于坊间，而学界后起之秀如顾随、单士元、启功等人，称呼“三沈”则大多以“大先生”、“二先生”、“三先生”尊呼之。

20世纪初，在北京大学任教的文士多为名家弟兄，一般倾慕者，遂喜集其姓氏冠以数字而称之，以为美谈，如：五马、四陈、三沈、二周等不一而足。一位“老北大”先生曾说：“民十以后，外人谓北大当政者，有‘三沈二马’之称，后又有‘朱马’之名，实际说来，确够得上是北大的中心人物。三沈者，本科教授沈尹默、沈兼士，预科教授沈士远，本哥仨也。”

鲁迅先生夫人许广平是1923年从天津考入北京女子高等师范学校国

* 沈长庆，沈尹默之孙，现任上海沈尹默故居纪念馆及陕西汉阴三沈纪念馆顾问，著有《沈尹默家族往事》、《苦雨斋题匾》等。

文系的，对那时上课的情形她是这样回忆的：“我那班里，几乎全是北大的教授和讲师。校舍虽然不同，所授的教课、讲义却是一样的。尤其马裕藻、周树人、周作人、沈尹默、沈兼士、沈士远诸先生，都是为学生们所景仰不置的。我初到北平时，即听朋友说：北平文化界之权威，以三沈二周二马为最著名。”

1913 年 2 月，沈尹默到北京大学预科教中国历史，第二年任国文系教授兼国文门研究所主任，教授汉魏六朝诗文，自此一直在北大任教 16 年。沈兼士则是 1912 年秋来北京，随沈尹默之后到北京大学，先后任国文系教授兼国学门研究所主任、文学院院长等职，讲授文字学、《说文解字》等课程。沈士远 1918 年来北大，曾任北京大学预科教授、庶务部主任等职，讲授《国学概要》。兄弟三人均当选过多届校评议会评议员。一门棠棣三人，各有所长，名重京师，此后，便有了“北大三沈”之说。

祖父三兄弟中，我最先见到的是三爷爷沈兼士，那是 1946 年底，他受教育部长朱家骅派遣，到北平担任平津区教育复员辅导委员会主任委员，办公和居住地点在东城东厂胡同一号。大爷爷沈士远在南京解放后不久就北上到故宫博物院文献馆任馆长，这时我已经随父南下了，1955 年大爷爷在北京去世，所以我未曾谋面。祖父沈尹默则是 1959 年后我才见到的，虽然和他们共同生活的时间不长，但是自小我和奶奶、大姑、四姑以及姑婆在一起居住，听他们讲过不少祖父三兄弟的故事。

今天很难想象，当上著名的北京大学教授的“三沈”兄弟竟然没有上过多少学，更没有上过大学，三人中除去沈兼士在日本铁道学校读过物理学两年外，沈士远和沈尹默均未上过正式学堂，他们的学问主要是靠自学。沈尹默曾与一位朋友讲起过，一次和毛主席谈话，沈尹默对毛主席说自己是没有进过学堂的。毛主席说：“那很好啊，和高尔基一样。”沈尹默忙说：“不敢，不敢。”接着，毛主席给沈尹默讲了一个自学成才的故事，对沈尹默的学识给予了肯定和鼓励。

清末的沈氏前辈们，沈祖颐（左一）、沈祖寿（左二）、沈祖勋（左三）、沈际清（右一）（摄于 1873 年）

“三沈”的祖籍是现今浙江湖州竹墩村（明清时称吴兴竹溪），是“竹溪沈氏”十八世。“三沈”的祖父沈际清，是“竹溪沈氏”十六世。道光己亥科（1839 年）顺天乡试解元（第一名）。曾任宛平知县、国史馆誊录。于同治年间跟随左宗棠到陕西任定远厅[①]同知，便举家迁到同属定远的汉阴，“三沈”即出生在这里，祖孙三代在这里生活了近 40 年。虽说汉阴是一个地处边远的陕南小县城，但这里山清水秀，地处长江、黄河两大水系之间，是东南部的稻菽文化和西北部的麦黍文化交汇交融之地。

“三沈”的父亲沈祖颐，监生出身，光绪八年（1882 年）任汉阴厅抚民通判。育有三子三女：子士远、尹默、兼士，女毓珏、毓珠、毓瑾。父亲深解子女爱好，因材施教：长子士远，学批公文，以承父业；次子尹默

① 今陕西汉中镇巴县。

独爱诗词书法；三子兼士则攻文字学；长女又名星联，次女又名雅君，小妹早夭，三女皆通诗书。平日父亲住在镇巴官廨，子女由祖母陆氏和母亲彭氏教育，她们均出自文士之家，精通诗书，“三沈”在良好的家教和多元地域文化的双重影响下，从小就练就了知书达理的“童子功”和深厚的国学功底。

“三沈”的学问并非仅仅是依靠“诗书传家久”和“读书破万卷”，更是来自“行万里路”的博闻多见。1902 年父亲见背后，中国正处在一个新旧社会转换的历史时期，青年时期的“三沈”便走出了陕南偏僻的大山，先后到东南沿海地区任教，沈尹默和沈兼士还出国到日本留学，了解了中国社会的现实，接受了民主革命思想，吸收了新文化思想，在这三个青年人的身上形成了中外文化、古代文化与现代文明的碰撞，产生了火花，使他们成长为新一代优秀的中国知识分子，这才是当时力主革新的北京大学聘请他们担任教授的主要原因。

沈尹默举荐陈独秀任教北大

陈独秀进北大教书，是由于沈尹默“三顾茅庐”的结果；陈独秀逃离北洋政府的搜捕，自此离开北京和北京大学，则得益于沈士远的通风报信。

“三沈”自 1907 年到 1912 年，先后在杭州高等学校、两级师范学校、杭州第一中学等校教书，与刘季平、陈独秀、马一浮、苏曼殊等人来往密切。其中，与刘季平交游最为深切，好友们经常在一起饮酒赋诗。1907 年的重阳节，沈士远、沈尹默一起来到刘宅“黄叶楼”饮酒论诗，不善饮酒的沈尹默从上午 11 时到晚上 9 时，喝得酩酊大醉，归家后乘兴写就古诗一首：

题季平黄叶楼

眼中黄落尽雕年，独上高楼海气寒。
从古诗人爱秋色，斜阳鸦影一凭栏。

翌日，诗卷送到刘季平家，诗中“从古诗人爱秋色”一句，与黄叶楼的景致相得益彰，深得喜好写景抒情的刘季平赞赏，他便将此诗挂在书房。几天后刘季平在日本成城学校的同窗陈独秀来访，见诗落款人是沈尹默，陈便问：“沈尹默是何许人？”刘季平告诉他：“沈尹默也在这里教书，去过日本。”陈独秀说：“这诗写得很好，字却不怎么样，流利有余，深厚不足。”刘季平说：“那日，沈尹默在我这里喝酒，回家乘酒兴写的。仲甫若有兴趣，哪日我带他去你处坐坐。”陈独秀忙说：“不必，不必，还是我去看看他吧。”隔日，沈尹默正在家看书，听到门外有人喊他：“这是沈尹默家吗？”声音未落，人便已经进来了，来人说：“我叫陈仲甫，昨天在刘三处看到你写的诗，诗做得很好。”沈尹默刚要表示客气，他接着又说：“你的字其俗在骨。”事隔半个多世纪后，沈尹默仍然记忆犹新，沈尹默回忆道：“陈仲甫那一天的音容如在眼前。当时，我听了颇觉刺耳，但转而一想，我的字确实不好，受南京仇涞之老先生的影响，用长锋羊毫，又不能提腕，所以写不好，有习气。”沈尹默自嘲地说：“也许是受了陈独秀当头一棒的刺激吧，从此我就发愤钻研书法了。”这一段历史是沈尹默1963年应《文史资料选辑》编辑部之邀写的《我和北大》中的有关内容，后来，书法界不少人以此认定沈尹默书法为“其俗在骨”。实际情况是，陈独秀虽长沈尹默四岁，却说话直来直去，性格与沈尹默有很大不同，素有涵养的沈尹默不仅当时面对陈独秀不动声色，对后来者的批评也采取“有则改之，无则加勉”的态度，从无怨言。特别是对陈独秀本人，虽然多年后，在重庆落魄的陈独秀仍然说沈尹默的字“没有多大改进”，但沈尹默始终把他当作挚友。

1923年，沈尹默与北大同事在陶然亭公园合影。前排左起：沈兼士、马裕藻、陈垣、周作人、李煜瀛、伊凤阁、蒋梦麟、今西龙、沈尹默、孙伏园、胡鸣盛

沈尹默向蔡元培“三顾茅庐”力荐陈独秀进入北大的一段佳话，还要从沈尹默入北大讲起，沈尹默是1913年2月应北京大学代理校长何燏时及预科学长胡仁源之邀到北京大学任教的。自1913年到1915年，胡仁源先后聘用了一批从日本留学回国的留学生到北大任教，这些人大都具有民主革命思想，如马裕藻、朱希祖、黄侃、沈尹默、沈兼士、钱玄同、马叙伦等，从而给北大带来了新鲜空气，冲击了民初盘踞在北大的桐城派的守旧复古之风。1917年1月蔡元培就任北大校长之前，曾经访见沈尹默，后沈尹默又回访蔡氏并作长谈，沈尹默提出了三点改革建议，为蔡元培完全采纳。从此，北京大学进入了一个新的历史发展时期。

1916年年末的一天，沈尹默在琉璃厂逛书市，刚好与陈独秀不期而遇，两人这时已经六七年没有见面了，不知各自近况如何。沈尹默便问陈独秀："你什么时候来的？"陈独秀告诉沈尹默，自己是 11 月 26 日从上海来京的，正在上海办《新青年》杂志，近来又和东亚图书馆的原放合编一部字典，这次来京准备筹措一些出版资金，他和同来的汪孟邹暂住在前门中西旅馆 64 号。沈尹默此时喜出望外，因为他知道北大各科（理、法、工、预）均有学长（相当于现在的系主任），唯文科没有，由夏锡祺代理，而且近期夏某又拟辞职他就，正好没人接替，便对陈独秀说当初在杭州的朋友们大都来北京大学了，并告诉他北大已经由蔡元培主校，希望他也能加入进来。劝他暂时不要返沪，过几天再去拜访。沈尹默当即回到北大，面告蔡元培，说陈独秀来北京了，并向蔡推荐他担任文科学长。后据沈尹默回忆此事："蔡先生甚喜，要我去找陈独秀征其同意。不料，独秀拒绝，他说要回上海办《新青年》。我再告蔡先生，蔡云：'你和他说，要他把《新青年》杂志搬到北京来办吧。'我把蔡先生的殷勤之意告诉独秀，他慨然应允，就把《新青年》搬到北京，他自己到北大来担任文科学长了。"沈尹默来来往往中西旅馆三次，怕推荐力度不够，还把遇到陈独秀的事，同时告诉了医专的校长汤尔和，汤和蔡早年同在日本留学，曾共同组织过《青年会》，这时也向蔡推荐："文科学长如未定，可请陈仲甫。"经过沈尹默的多次斡旋，陈独秀终于同意了。于是 12 月 26 日上午，蔡元培按照沈尹默提供的地址一早来到中西旅店。陈独秀头天晚上因听戏很晚才睡觉，起床后他推门一看，蔡先生早已等候多时了。见到校长亲自上门来请，陈独秀甚为感动，说道不知自己是否胜任学长之职，提出先试行三个月，蔡元培考虑了一下，告诉他可以，月薪为每月 250 元。转年 1917 年（民国 6 年）1 月北京大学便正式给教育部呈文拟任用陈独秀为文科学长，很快得到教育部同意复函。

陈独秀随同《新青年》到了北大后，首先改组成立了新一届编委会，大约自第五卷起，编辑部开始采取轮流编辑办法。由陈独秀、钱玄同、高一涵、胡适、李大钊、沈尹默六人轮流担任编辑，从此开始了新旧文化思潮的大激战。陈独秀到北大两年后的1919年1月，《新青年》第六卷一号发表了陈独秀执笔的《本志罪案之答辩书》，文章义正辞严地回答了对整个封建势力的非难，为《新青年》创刊以来的宣传作了一个实际上的总结。

“五四”运动爆发后，北洋军警搜捕游行学生，北京城内一时间风声鹤唳。仍然留在北京的陈独秀与李大钊等人商议后，拟《北京市民宣言》，向北洋政府提出五条“最后最低之要求”。其中之一是撤换曾经大肆逮捕学生并有“屠夫”之称的步兵统领王怀庆。6月11日，陈独秀受人之邀来到新世界，他也许并未刻意安排到此处散发传单。不过他还是随身携带了数千份传单，如此便显得衣服很鼓，引起便衣怀疑。陈独秀身着白帽西服，站在新世界屋顶花园，向下层露台上看电影的群众散发宣言，早已在此盯梢的几名便衣便将他逮捕。但为了避人耳目，便衣们使用了秘密方式，罩住了陈独秀的头。9月17日，蹲了几十天监狱的陈独秀在各界人士的保释下终于出狱，但警察局禁止他擅自离京。谁知道，1920年2月起，陈独秀在武汉演讲的报道频频见诸报端，京师警察厅头目看过报道后很生气，叫道:“陈独秀乃保释之人，每月都要填写《受豫戒令者月记表》，在京的行动尚受约束，怎可事先不报告，擅自离京?”于是，警察们紧急出动，围在陈独秀家门口，准备在那儿“守株待兔”，把他重新逮捕。

而此时已经回到北京的陈独秀却始终没有露面，也没有住在箭杆胡同九号的老住所，而是周旋在几个原来北大的同事家。在陈独秀家守候多日未果的警察，几天后得到了陈独秀已经回到北京，并在北大老同事家住的可靠消息。1920年1月的一个傍晚，时在教育部供职的马叙伦消息比较灵通，得知军阀政府要在当夜逮捕陈独秀，焦急万分。他知道陈独秀当夜住在东城脚下福建司胡同的北大教授刘叔雅家，而马宅与刘宅相距约十五六里，时间紧迫，再去当面通知陈独秀已来不及。他想到了沈士远，这时候“三沈”中的长兄沈士远也正在北京大学，先后任预科乙部教授、庶务部主任、校评议会评议员，平日与北大文科学长陈独秀、北大图书馆主任李大钊关系密切，沈士远从思想上同情这些革命者，常常利用他任庶务主任的便利条件为北大师生尽力提供帮助。想到此，马叙伦当即决定用电话求助距陈独秀住处较近的沈士远，沈士远当时住在东城什坊院 43 号，请他想办法转告，但在电话中又不能说出陈独秀的名字，便给沈士远打电话说：“告前文科学长速离叔雅所。”沈士远及时将此消息转告了陈独秀，得此消息，陈独秀遂连夜躲避。翌日晨，在李大钊的陪同下，陈独秀换装乘骡车离开北京，后来有不少人的文章说他们是从距刘宅较近的朝阳门出城的，唯当事人马叙伦在《石屋余沈》回忆中说为避人耳目，走的德胜门，是特地绕路出城，又转往天津，陈独秀遂得脱险。从此，陈独秀就告别了北大，离开了北京，开始了另一段革命历程。

沈士远与平息北大迁校风波

沈士远在“三沈”中居长，1918 年从浙江高等学堂来到北京大学，周作人在《知堂回想录》中说到对他的印象是：“他的名气都没有两个兄弟的大，人却是直爽，有北方人的气概，他们虽然本籍吴兴，可都是在陕西长大的。”钱玄同形容他说：“譬如有几个朋友聚在一起谈天，渐渐的由正经事谈到很不雅的事，这是凡在聚谈的时候常有的现象，他却在这时候特别表示一种紧张的神色，仿佛在声明道，现在我们要开始说笑话了！”

沈士远任课极其认真，在北大时因《庄子》一课一讲一学期，被戏谑为“沈天下”。沈士远的沉稳性格的形成和他父亲 49 岁就去世，作为长子，早早的就担起了家庭的重任有关。他和他的祖母沈陆太夫人（大家称为祖祖）住在北京东城老虎洞，后来一直扶持“祖祖”，直到其 1923 年 10 月 24 日 93 岁去世。虽然他的学问始终没有两个弟弟大，但是在教育和行政管理方面显露出突出才能。

“五四”运动中，当时他任北京中等以上学校教职员联合会书记，又是北大评议会评议员。为营救“五四”中被捕学生及挽留蔡元培校长留任，做了大量工作。“五四”运动爆发后，蔡元培为抗议政府逮捕学生，于5月8日提交了辞呈，并于9日悄然离京。6月15日，蔡元培在《不愿再任北京大学校长的宣言》中说：“我绝对不能再作不自由的大学校长：思想自由，是世界大学的通例。”之后，由于北大师生的极力挽留，由沈士远等人参与的北大评议会议定，委派沈尹默、马幼渔等人专程前往杭州，恳请蔡元培回北大掌校，最后，蔡元培终于同意，并强调答应只做北大师生的校长。

1921年春夏在争取教职员的生存权利，向北洋政府索薪的斗争中，6月3日组织北京各校师生千余人到国务院游行请愿，李大钊遭殴打后昏迷倒地，沈士远头破额裂血流不止，蒋梦麟、王家驹、马叙伦等人不同程度

1927年新年在苦雨斋聚会。前排左起：沈士远、刘半农、马裕藻、徐祖正、钱玄同，后排左起：周作人、沈尹默、沈兼士、苏民生

沈士远 66 岁摄于南京

受伤，最后历时八个月的斗争以胜利告终。

北大红楼的成均甲舍三层楼上上楼梯口的朝南之室，是当年文科教员的休息室，浙江籍北大教授朱希祖、陈大齐、沈尹默、沈兼士、沈士远、马幼渔、马叙伦、马寅初等人，经常在这里聚会议事。“五四”运动时，有一天沈士远和沈尹默、马幼渔、钱玄同、陈大齐等人正在商量事情时，胡适、罗家伦、傅斯年进来说：“我们主张把北大迁到上海租界上去，不受政府控制。”沈士远等人回答说：“这件事太大了。要商量。”罗家伦和傅斯年接着说：“搬上海，要选择哪些教员、哪些学生可以去，哪些不要他们去。”那时候，虽然政府当局因北大学生运动而对北大校方的压力比较大，加之蔡元培校长不满政府镇压学生运动而愤然离职，但是感觉胡适等人的这个想法是拆伙的打算，因为弄得不好，北大就会分裂，会垮台。因当时学校的评议会是北大最高权力机构，沈士远等人认为，以此重大问题必须由北大评议会进行决定，于是拟第二天早上 7 时召开评议会讨论。开会之前，为了提前给胡适等人有个思想准备，决定由沈士远去看胡适，告诉他，搬上海不能同意。最后，评议会讨论的结果是不同意迁上海，北京大学就此避免了一次分裂。

离开杭州的 20 年后，沈士远当年的学生陈布雷已经担任浙江省教育厅厅长，老友张静江任浙江省主席。1929 年初沈士远应邀离开北京再次来到浙江省，担任浙江省政府秘书长，后接陈布雷之职任浙江省政府委员兼教育厅厅长。自此沈士远开始了长达近 20 年的教育行政管理生涯：1936 年 10 月 31 日被国民政府任命为考试院考选委员会副委员长，同年 11 月 10 日任首都普通考试典试委员会委员长，后随部迁渝。他的几近迁腐的执着性格，不仅表现在教学方面，更是在担任考试院考选委员会副委员长期间不畏权势，不为不合格考生开绿灯，为官清廉。沈士远于南京解放前，毅然脱离反动政府，回到解放后的北京，担任故宫文献馆馆长直至去世。

沈兼士抗战中的风骨

沈兼士是“三沈”中的小弟。学问做得最好，但性情刚烈，爱憎分明。民国初期，曾三次亲自参与并领导了保护国宝的行动，抗日战争时期，蓄须以明志，做了许多利国利民的工作。

沈兼士交朋友，重人品，不以利取信。他和鲁迅的交往便是其中的一例。鲁迅去世的当月（1936 年 10 月 30 日），沈兼士便在上海的《中国学生》发表名为《我所知道的鲁迅》一文，回忆了两人几十年的友谊和鲁迅的人品。1926 年 7 月，他随鲁迅先生同赴厦门大学任文科国学系主任，两个月后就辞职，表面上是交通不便，水土不服以及学潮风暴，其实个中原因是人事关系所致。顾颉刚是胡适的学生，沈兼士引荐他到厦大来，他来后，又把陈万里、黄坚、陈乃乾诸君拉来。鲁迅先生在《两地书》中说“朱山根（即顾颉刚）是胡适之的信徒”，“他们面目倒漂亮的，而语言无味”。这些人常在背后排斥鲁迅，骂他是“名士派”，

抗战期间，沈兼士（左）蓄须以明志，这是他与二兄沈尹默在重庆的合影

给他“刺激”和“为难”。沈兼士和鲁迅在这种情况下无法继续教书，先后离开，沈兼士走后的不久，次年 1 月鲁迅也前往广州。1929 年，沈兼士进辅仁大学，任文学院院长。这一年 5 月，鲁迅从上海北返探亲，重见了当年的老友，不无感慨地写信给许广平说：“南北统一后，‘正人君子’们树倒猢狲散，离开北平，而他们的衣钵却没有带走，被先前和他们战斗的有些人拾去了。未改其原来面目者，据我所见，殆惟幼渔、兼士而已。”老朋友沈兼士本色依然，深得鲁迅信任。鲁迅去世后，在北平的夫人朱安生活十分窘迫，不得已要将其藏书出售，1944 年 8 月 25 日《新中国报》披露了这一消息，许广平得知后十分震惊，为此《世界日报》记者于 1945 年 12 月 29 日派出记者采访了朱安并带去了慰问善款。次日报道其中有一段说“鲁迅夫人又说，最近曾收到沈兼士先生送来的一笔款子，是国币五万元。这笔钱，本来是上海的徐先生托沈先生带的，但是沈先生当时并没有拿那笔钱，只说到北平一定给鲁迅夫人送一点款子去；结果，钱是送到了，然而并不是徐先生托带的，而是沈先生自己跟几位老朋友凑起来送的。”

1927 年秋，沈兼士兼任天津中日学校的校长，1928 年 5 月 3 日，日本人制造了“济南惨案”，屠杀我 6000 多名同胞，他马上愤然辞职，以示抗议日本军国主义对中国的侵略。1937 年 7 月 29 日，北平沦陷。当时他除了担任了辅仁大学文学院院长的职务外，还担任了故宫博物院文献馆馆长的职务，从北平沦陷的翌日起，他即辞去故宫馆长之职，不再去故宫博物院了。敌伪当时组织了一个所谓的“治安维持会”，分管文教的是汉奸周养庵，是他的学生，他特意来拜访沈兼士，请他出山，希望他继续担任故宫博物院文献馆馆长一职，而且开出优厚的待遇条件，但遭沈兼士拍案拒绝，愤怒地把他轰出去了，表示宁可饿死也不为日本人做事。辞去此项工作，他的工资收入仅剩下辅仁大学一处了。上有老下有小，妻儿子女六口之家仅靠他一人工资。儿子沈观又患肺结核住在疗养院，我三奶奶蔡惠的精神病时有发作，自顾不暇，无法理家，加上当时物价飞涨，不久长女沈萃、次女沈泰不得不辍学，沈观不久也病故，不得已只有托在北平图书馆工作的赵万里教授把家里的一部分藏书卖给北平图书馆。读书人卖书，比要命还难过，挑来挑去，哪本都舍不得。就是在这种十分困难的条件下，沈兼士仍全身心地投入到抗日救国当中，沈兼士与辅仁大学部分师生，英千里、张怀、董洗凡、葛信益、叶德禄、赵光贤、孙硕人、孙金铭、欧阳湘、左宗纶、徐侍峰、赵锡禹、郑国栋、高婴齐、吴师循、李凤楼、秦晋、左明彻、朱锦章等，秘密成立了抗日组织“炎社”。1939 年夏，组织扩大，国民党中央命令把“炎社”改名为“华北文教协会”（简称“文协”），它成为整个华北沦陷区文化界的地下抗战总部。

沈兼士先生生性刚烈，每谈国事，不顾场合，必痛詈敌伪而后快，因此深为敌伪所忌。特务除时时跟踪之外，又在辅仁大学国文系派了几名日本特务，以监视他的言行。这些日本特务，考入学校时用的是中国人的姓名，每人说一口流利的中国话。只是后来才渐渐被人知道他们是日本人。毕业时，国文系毕业生宴请全系教师。这几个日本学生鱼贯地向教师们逐一敬酒，唯独不敬兼士先生。他对同仁和家人说：“敌我分明，好得很。这也算是我们教书的一项成绩吧，至少教会他们先别敌我再论师生嘛。”在国土沦陷，民生多艰之际，在敌伪军警宪特的严密监视控制下，沈兼士先生不避斧钺鼎镬，置生死于度外，舍生忘死，与敌伪进行坚决的斗争，表现了光复故国的民族气节和爱国主义精神。

抗战胜利后，沈兼士被教育部长朱家骅任命为平津地区特派员，负责平津地区的文教机构接收工作。沈兼士每天都要面对求官的、求财的、求事的，在种种巨大压力之下，本来就患有高血压的身体日渐衰弱，病情日益严重。他本是一位正直的文化人，深恶徇私枉法，由此得罪了不少人，招来不少谩骂。接收任务在 1946 年 7 月完毕，在看不到国民党前途和出路的形势下，他毅然辞去特派员之职，回到辅仁大学任教。沈兼士于 1947 年 8 月 2 日中午在家中，与胡适、马衡、唐悦良等人谈话时，甫就座，大呼头痛，突发脑溢血，旋即病逝，终年 60 岁。沈兼士的朋友们称他逝世后，其“家道相当凄凉。当时辅仁的学生曾为先生发动募捐活动。其时距先生任特派员的官职不过三年，而先生家竟一贫如洗。”在他的追悼会上，金息侯先生亲笔撰写的挽联是：“三月纪谈心，君真兼士，我岂别士；八年从抗战，地下辅仁，天上成仁。”如实地概括了沈兼士坦白厚道、济世爱国的一生。

“三沈”的诗书情怀

世人一般只知道沈尹默为一代书法大师，其诗名被书名所掩。为此，沈尹默生前曾叹息：“我无字不入诗，为诗坛之公认。平心而论，我之成就当以诗为第一，词次之，书法最下。世人不察，誉我之书法，实愧哉矣！”实际上，沈家的六位兄弟姊妹个个都是诗书高手，自小到老，相互之间不断有诗赋来往。

长兄沈士远长期忙于公务，于诗书并无专一研究。然而唯在抗日战争重庆任考试院考选委员会副委员长期间，三兄弟得以团聚，他心情舒畅，工余时间常与朋友谈诗论书。他虽不谙书法之道，但他的朋友、也是考试院的同仁陈伯稼编撰了颜真卿的书帖目后，力请沈士远题跋，他便写了《跋颜鲁公碑帖目》一文。文中回顾了幼年时期学书经过：“儿时塾师授余兄弟赵孟頫书，谓习是可以工书法，博时名，仲弟临抚靴宵，书以日进，余则手拙如姜，而于轻倩绰约之姿，尤非所耐，屡作而旋辍，既而知孟頫之为人，则愦然曰，侧媚乃如其书，虽工亦奚以为，遂益弃置之不复省。稍长得颜鲁公书，观其大气盘旋，精彩郁勃，必与贤豪长者相揖让于一堂，心焉好之。”对于如何才能写好字，他有体会到：“字为心画，心正则笔亦随之。自古忠臣义士亦各行其心之所安耳，初无意于身后之名，更何有于点画之末，然其余事所成人竞金之，矧鲁公之赫赫，即以书论亦千

璁兒最好讀書，平日遇有不瞭解的辭句，就把它摘記下來，要我注釋；一經領悟，即能運用。我極寶愛她。這本闕疑錄，留在我處已久，我因心緒不好，迄未注完。今有北平之行，與兒遠別，匆匆地把它注完，遂有不甚的當之處。兒生子後勞於保抱，無暇閱讀，人亦憔悴，執筆不盡憐依。

一九四九年七月廿七日書於上海泰興路李宅 士遠

沈士遠

沈士远手迹《阙疑录》

古耶。顾当时所得不过坊的习见者数种而已，率非名鉴精拓，虽尝展而读之，亦未致力于此也。”

正是“字如其人，人如其字”，要写好字，必须做好人。他是这样想的，也是这样教育子女的，他给女儿沈令聪写的一幅字笔力刚劲，极具颜鲁公的书体博厚雄强，遒劲秀挺，古意盎然的意境。沈士远写的字也是他刚正不阿的性格写照。

沈兼士精通古语言文字学，他在抗战时期的沦陷区，以文字为武器，面对面地与敌人展开斗争，他常用甲骨文、金文、篆文等古文字写文、赋诗、撰联，愤斥日寇。如在《“鬼”字原始意义之试探》文末落款为“民国廿五年二月廿一日打鬼节沈兼士写成于北平”；在《吴著经籍旧音辩证发墨》文末为："民国廿九年四月四日写于北平寓庐之抗志斋"；在《杀、祭古语同源考》文末为："二十八年除日于北平寓庐之识小斋"。这里的"打鬼节"、"除日"、"抗志斋"均表示出鲜明的抗日爱国色彩。1941 年，他给高步瀛的挽联云："冀北马群空，后进何知失大老；天上欃枪落，家祭无忘告乃翁。"欃枪（扫帚星，比喻日寇），表示日寇必败，中国必能雪耻复国。在敌伪严密文字狱罗织下，沈兼士却处之泰然。他曾给山东曲阜孔庙和同人及弟子写过这样一副用甲骨文写的楹联："九有无人御虎兕；万方今日竞龙蛇。"解放后当时的"通儒"陆辛农先生见到这副楹联曾评价说："沈先生真了不起，不愧是位抗日的英雄人物，他居然敢在日寇侵华的最猖狂时期，在沦陷区内写出这样激愤的抗日词句，难能可贵！"他解释说："九有就是九州，就是中国的国土。虎是猛虎，兕原指犀牛，这里是指日寇。这句话是说九州大地沦丧，一任虎兕横行，竟然无人能驾驭。下联是指"二战"，整个世界都在龙蛇相争，天下大乱了。"陆先生说："好在这副楹联是用甲骨文写的，日本宪兵队就是发现了也不知写的是什么。可万一认出来呢，那可就要掉脑袋呀！"

在抗战时期三兄弟相聚在重庆的"鉴斋"，沈兼士是从西安辗转而来，大病初愈，身体刚刚复原，见到两位兄长十分高兴，赋诗一首，此诗作于 1943 年 6 月 29 日。诗曰：

次仲兄见赠韵即贺伯兄得孙兼怀姊妹北平

伯子东坡仲颍滨，相看垂白愈精神。
从知天寿胜人寿，更喜中麟获小麟侄小名阿中。
愧我一生书剑老，敕人三峡鼓鼙新空军近始此峡助战遂大破敌。
何时蓟北收穷虏，燕市楼头共醉春。

兼士于歌乐山鉴斋
三二．六．二十九

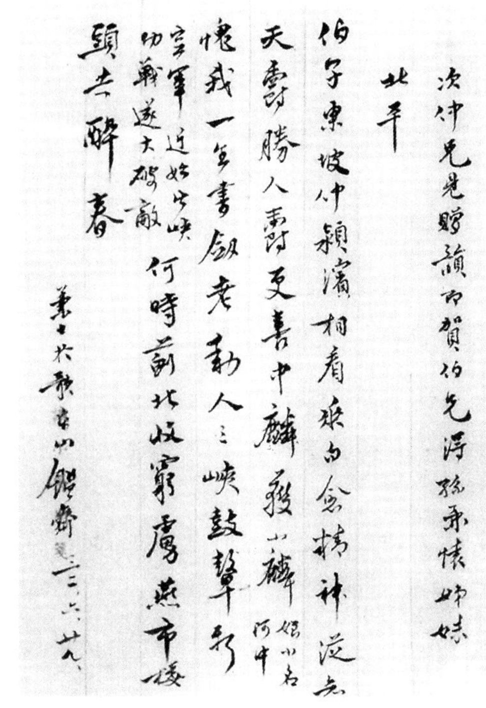

沈兼士原诗稿手迹

诗中他以“苏门三学士”的兄弟苏轼（字子瞻，号东坡）、苏辙（字子由，号颍滨）二人比喻三沈兄弟，看到长兄及次兄虽老仍然还很精神，愧感自己虽小身体不如两位哥哥，真是人算不如天算。喜获长兄之子中麟近日得儿子小麟，又获空军在三峡破敌得胜，冀希收复华北，回到北京再庆贺。

三兄弟中唯沈尹默称得上是书法大师，沈尹默自5岁开始学习书法到89岁辞世，中间从未中断对书法的书写和研究，可以讲书法伴随了他一生，他一生深爱书法，也为书法的振兴奋斗了一生。而更为称奇的是这是一位几近失明的书法家，年轻时就有1700多度近视，晚年则几乎完全失明。凭着执着和耐力，经过70多年的刻苦探索和创作，最后形成了“沈体书法”。“沈体书法”以“二王”为宗，融汇欧褚，汲取百家，博采众长，自成一体。其字俊秀飘逸，沈体涵盖楷、行、草书，尤以行书为精，不偏不怪，雅俗共赏，极具艺术性，更具实用性，是中华传统文化艺术瑰宝中的重要一员。

沈尹默交往诗书朋友的故事很多，现仅举两件事例。沈尹默居重庆来的人很多，当时有女弟子褚保权、沈祖仪、金南暄、张充和等。其中张充和后移居美国，曾在加大伯克利、耶鲁等校任教，多年后谈起沈尹默的一件趣事，常常让她乐不可支。她回忆：“那时候，抗战的陪都重庆，于右任担任国民政府的监察院长，院中聚拢了很多文人学士，有章士钊、沈尹默、谢稚柳、乔大壮等等，好多有名的国学大家、书画大家都会聚在那里，可谓济济一堂，我的表哥李栩广也在他们那里。监察院的宿舍在曾家岩的陶园，我那时任职教育部，住在城外的青木关，离曾家岩很远，虽然常常去造访他们，但去一趟其实不容易。说一个好玩的故事，沈先生眼睛不好，近视深达一千七百度。平日难得单独出门，更别说认路了。有一天我从青木关出来看沈先生，我平时都不在他那里吃饭的。那天沈先生高兴，坚持要带我出去，走路去一个小馆子吃晚饭。往常进城，天晚了，我就会住在胡子婴家——她是章乃器的离婚太太。吃过饭，我要坐公车去胡家。沈先生想要表现他的绅士风度，男士一定要送小姐上车的呀，无论我怎么推辞，他都非要亲自送我上车不可。我拗不过他。可是我作后辈的，更担心沈先生的眼睛不好，他送走我，自己认得路走回家去吗？所以，远远的看车来了，我跟沈先生大声说：再见再见！沈先生便朝车上摆摆手，也说：再见再见！车一响，他就转身走了。其实我没上车，我知道他眼睛看不清，又担心他自己找不到回家的路，就悄悄地尾随在他后面。心里偷偷地笑，我就一直悄悄跟着他，离他丈把远，他完全不察觉。那时候街灯亮了，我看他一路上摸摸索索地找人问路。我那时候想，若是他认错了路，我就再冒出来，把他送回家去。没想到，他跌跌碰碰的，还真找对了家门！我这才放心走了。沈先生一直没发现我，我呢，也从来没有告诉过他这件我‘骗他’的故事，他始终都蒙在鼓里哩！呵呵呵……”

解放后，沈尹默的才智得到党和政府的重视，沈尹默与党和国家领导人的交往十分密切。像陈毅副总理，每次沈尹默来京开会差不多总要来驻地拜访，有一年在民族饭店我就遇到过一次。周总理也多次和沈尹默见面和谈话。

1959 年 4 月 29 日，中国人民政治协商会议第三届全国委员会第一次会议闭幕，周恩来同志设茶点款待老委员 380 余人，沈尹默亦在其中。会中，周总理和大家亲切交谈，笑语融融。沈尹默忽然想到刘禹锡与米嘉荣诗：“唱得凉州意外声，旧人唯数米嘉荣，近来世事轻先辈，好染髭须事后生。”感慨甚深，当场赋诗一首，献给在座诸公：

不知老至共开怀，
长短随人各尽才。
几辈髭须浑染得，
莫嗤独为后生来。

这首诗写出了我党尊重老知识分子，表达了在座各位人人心情舒畅，个个愿意各献才能，为社会主义建设贡献余热的真情实意。1960 年 7 月 29 日，周总理代表党和政府，聘请沈尹默担任中央文史研究馆副馆长，

20 世纪 60 年代，
沈尹默在上海家中

同时受聘的还有谢无量、陈寅恪、徐森玉等。

1962 年，沈尹默 80 寿辰，党和政府为了表彰他对祖国书法艺术的贡献，由上海文化局等单位筹备，从沈尹默 500 多幅书法作品中，选了 120 件，在上海美术展览馆隆重展出。展品包括沈尹默从 22 岁到 80 岁各个时期的作品，风格多变，琳琅满目。展品中有沈尹默自撰联一副："已觉江山壮城廓，更欣烟雨润桑麻。"他用"壮"和"润"来歌颂祖国大好山河与欣欣向荣的风光。周恩来总理恰巧在这时因公来沪，忙里偷闲，前往参观沈尹默先生书法展，对展品赞美不已，并提出希望得到沈先生墨宝。沈尹默聚精会神写了一幅毛主席《沁园春·咏雪》词，也许因为是第一次为总理撰写，比较紧张的缘故，自认为写得太拘谨，于是重写了一幅，大胆挥毫，笔势纵横，一气呵成。沈尹默请周总理挑选指教，出乎他的意料，总理细细品察后，笑着说："你写得这么好，我两幅全要了。"周总理把这两幅字带回北京，分别挂在办公室与卧室里。

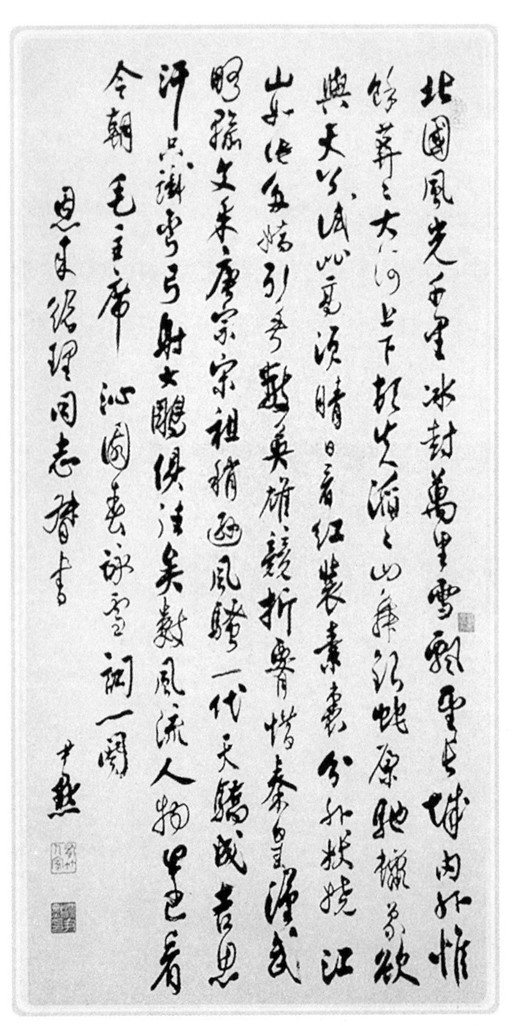

1962 年，沈尹默录毛泽东《沁园春·咏雪》，赠周恩来总理，此为其中一幅

还有一次，周总理在上海接见他。沈尹默一进门，周总理便上前迎接，沈尹默因眼睛深度近视，又患白内障，看不清面前人的面貌，误以为是接待人员，便将穿在身上的大衣脱下，随手交给周总理。周总理接过大衣，挂在衣架上。交谈之时，沈尹默方才发觉刚才为他挂大衣的就是周恩来总理，内心非常抱疚，总理却安然处之。

“文化大革命”中，沈尹默被作为“反动学术权威”，惨遭张春桥、姚文元等人的迫害，精神和身体均受到严重损害，多次被揪到上海画院批斗，由于眼睛看不到深浅，上下楼梯又不许人搀扶，下楼时，因为看不见，坐在楼梯口上一节一节地磡下来，最后一屁股坐倒在地，周总理闻知后颇感不安和关切。1969年底，全国出版工作会议在北京开幕，周恩来总理在会上特意向人问起：沈尹默还在吗？还能写字吗？尽管张春桥等严加封锁，但这消息传到上海，给了躺在病床上的沈尹默以精神上的极大安慰。

在“末代格格”金默玉身边的日子①

沙　兰*

1986年夏天，我和丈夫、女儿从上海到北京，在宾馆翻阅报刊时偶然发现一则消息：中国最后一位格格——清朝肃亲王之女金默玉，现在北京文史馆任馆员。我心里一动，试探着拨通了北京文史馆的电话，打听金默玉的住址。可对方说：她不便和外界联系，得先征求她的同意才能告知联系方式。我说我是内蒙古来的，是金默玉九姐的女儿。很快就得到了回复，打通了电话。她在电话中直接说：“我知道你，知道九姐嫁到了蒙古，愿意见面。”我们就这样第一次见到了金默玉。

当时，金默玉住在政法大学东侧一栋居民楼的底层，不大的两居室陈设简单。她身着一袭黑绸长裙，短袖白上衣，热情爽朗地接待了我们。家里还有一位穿着简朴、像个管家一样的老头，是她的丈夫老施。他为我们送上茶点，我恭敬地称他姨夫。

我问金默玉：“我们过去见过吗？”她说：“没有见过，我九姐出嫁时我在日本上学，这么多年我已经没有什么亲情往来，现在有些东西都是过去在日本的同学送来的，我已经是个一无所有的人了。”因初次见面，我

① 金默玉是清朝肃亲王善耆最小的女儿（十七女），名为爱新觉罗·显琦，和川岛芳子同为第四侧妃所生，1918年生于旅顺。

* 沙兰，肃亲王第九女金显玖的养女。

金默玉

们没有深谈。告别时，她送给我小女儿一个日本同学做的布娃娃和一板巧克力，还说马路对面就是大钟寺，顺便可以去看看。这就是我们的初次相见。

1989年，小女儿到北京读书，又和金默玉有了来往。20世纪90年代初，我弟弟博迪从内蒙古去北京拜见金默玉，正在北京的我和他一同前往。博迪自幼丧母，初次见到母亲的家人，很是激动。他用献哈达、行叩拜大礼、送奶食和砖茶等方式，觐见金默玉。金默玉很感动，约来了十三舅的大儿子连镶一同见面。我小时候在沈阳的十三舅家住过，那时他还是个大男孩，相隔近半个世纪，彼此都改变了模样；还有九舅的女儿大竹姐，过去没见过。此时的金默玉已经搬到西坝河附近一户三室的单元楼内，室内家具用品也增加了许多。

临别时，金默玉送我一条金项链，送博迪一枚金戒指，说戒指是戴过了的，不介意吧。

1992年，金默玉要送我小女儿去日本继续读书，一切手续办得很顺利，而我们在思想上和经济方面都没有充分的准备，心中只有对金默玉的感激和对小女儿的不舍。正在这时，金默玉的丈夫老施胆病复发，需要住院治疗，我就留在北京照顾金默玉，她也愿意，我就这样走进了她的生活。

金默玉是个很随意的人，并不苛求什么，也不注重什么保养和锻炼。她的房间里有一张大床，平时就穿着睡衣半坐在床上，看书写字就依在腿上。床头有两层大格架子，各种报纸、信件堆得满满的，用什么随手都可以拿到。她说这样既方便又不占地方，累了随时可以躺下休息。她只在早晨起来梳洗后，喝一杯加上半杯糖的咖啡，此外每天吃什么都由老施打理。老施对金默玉既了解，又体贴，金爱吃的炸猪排、咖喱饭，老施都做得很地道。金默玉喜欢我的小女儿，他就对我小女儿好，有好吃的总叫她过来；金默玉不喜欢的人，他也多加提防。老施在住院前交代我，买什么样的肉和白菜，说白菜味不对她不吃；平时她也就吃炒白菜丝、雪里蕻、木须肉等，并特意嘱咐我，说她不吃葱、蒜、韭菜等有气味的东西，也从不用醋调味。

只要有外事活动，金默玉马上就爬起来，擦擦脸，上点淡妆，画上双眉，穿上白西装，蹬上皮鞋，既快又利落，简直就像变了一个人。她画双眉是因为她没有眉毛，她给我讲：有一次在日本参加一个聚会，她发现见到她的人都用异样的眼光看她。等坐下后，身边的女友很礼貌地请她到洗手间去一下，她感到莫名其妙。等到镜前一照，自己也不禁笑了起来，原来由于出门匆忙，她只画了一边的眉毛。

金默玉给我讲她的经历，就像讲平常故事一样，没有悲凄和怨恨，一切如同过眼烟云。1949 年，她看到解放军进城，一队队士兵打着绑腿，挺着腰板，以整齐的步伐从街上走过，心里很高兴，再也不会有挎着舞女、酒气熏天、在街上横冲直撞的大兵了。她诚心诚意地想做个好市民，当个街道积极分子。她跟大家清理垃圾，到厕所里翻砖头、挖虫蛹，什么都干，可她的身份是不能改变的。

当年，金默玉的两个哥哥去了香港，大哥的四个孩子、二哥的两个孩子、大哥的老奶妈及其女儿都留给了金默玉，而且只留下了100元钱。大哥、二哥是肃亲王第四侧妃所生的十四子宪立和十六子宪方，和金默玉是同母。她告诉我：她大嫂是日本人，有洁癖，脾气挺大，不顺心就骂人，扔下孩子就回了日本。

金默玉没有社会阅历，没有生活能力，为了维持九口人的生计，她变卖了家中所有的物品，钢琴、收音机、地毯都卖了。可她不懂讲价，一堆衣服也就卖了一件衣服的钱。她曾三天打一件毛衣出售，给人家洗过衣服，还到处赊账。一直熬到1952年，哥哥从日本寄来一笔生活费，才缓解生活的窘迫，可也不能坐吃山空，斟酌再三，她在自家院子里开了一间西餐厅。开业那天，她穿戴整齐，迎接客人。可人们都站在门外，像看西洋景一样，没人敢进来。后来有人提议开个四川饭馆，北京有近40万四川人，为此，她马上改炉灶，请来四川厨师，做大众饭菜。生意一下子火了起来，虽没有赚多少钱，但吃穿不用愁了。两年后，饭馆公私合营，她成为中央编译局的一名职员，每月60元工资，心里那个高兴啊！这才是她真正要干的事。

说到婚姻，金默玉很淡然，1954年，她嫁给马万里。马万里是当时很有名气的花鸟画家，因婚姻破裂，当时住在女儿家，连个睡觉的地方都没有，一度心灰意冷，想走绝路，遇到金默玉后便常到她那里闲坐。金默玉同情他，为他提供作画的地方，两个人就这样走到了一起，还办了个简单的婚礼，喜帖是老马自己写的，她穿的旗袍是借来的。她想：怎么就这样把自己嫁了出去？心中也很感慨，那年她36岁。

厄运很快就来了。1958年离过春节还有5天，金默玉突然从家里被带走，没有经过审判，唯一的罪名是她是肃亲王的女儿、川岛芳子的妹妹，这就是可以致命的罪了。入狱后，马万里的女儿给她送来一个褥子、一床丝绵被和几件衣服，连一个梳子都没有。为了不牵连丈夫，她主动提出离婚，决定独自度过漫长的刑期，从此再没有人来看她。所有的东西都被变卖了，只可惜她的一些书，也当废品给卖了。

讲述狱中生活时，金默玉没有悲怨和凄苦。她说，只有在服刑初期，忍受不了那些刑事犯对她的辱骂和污蔑，她提出过抗议。她说："我是政治犯，应该有不同对待。"有一次，送进来一个犯人，是个女教师，病得很重，金默玉就把自己的一件毛背心给她，违反了监规，作了检查。她说："我从来没有陷害过任何人，也从来没提出过任何要求。干什么活也不怕苦、不说累。纳鞋底在数量上赶不上别人，但质量总是合格的。"时间长了，那床唯一的薄丝棉被里面滚成了团。没有鞋穿，她就穿木屐。管教人员喊："金默玉，你怎么不换鞋?"她不言语，别人替她回答："她没鞋。""怎么不提出来?"衣服破了，她会在上面补出一个小花，总是要求整洁。她说："我留着一个补了几十个补丁的裤衩，等找出来给你看看。"

后来，金默玉成了监区"小管理"，保管钉子、锤子等，干一些修修补补的活儿。过节吃饺子大家动手，拌馅和面则由她负责。因为她有文化，写标语、办板报，搞得既生动又有教育意义，还能配上花边和插图，碰到有人来视察，更是布置得内外一新，还因此受过表扬，她所在的监区成了模范监区。

1973 年，金默玉刑满释放，本可以投亲靠友，可她没有家，没有去处，只能听从安排去天津茶淀农场就业，成了一名农场工人。在茶淀农场，她和工人们用大铁锹挖冻土、绑葡萄架，手都磨出了血，活儿比在监狱还要重。但她不做声，因为她知道自己和别人不同。她最大的愿望是在农场能分到一间属于自己的房子，她忍受不了身边的那些女劳改犯。这些人有的过去是舞女，每天早起要大杯的喝酒，还不断地说脏话骂人；有的人用红纸把嘴抹得通红，扭来扭去，游手好闲。农场管理人员告诉她：只有结婚才能分到房子，而且这里有的人表面上看起来很像样，但有复杂的背景和社会牵连，以后也会麻烦，选择要慎重。后来，农场的人给她介绍了一个说北方话的施姓上海人，是个电工，说人很本分，还有技术，金默玉答应见面。第一次见面是在地里，只见到远远地有一张被太阳晒得漆黑的脸，其他没有任何印象。几次接触后，施送金默玉一把自制的小铁锹，挖起土来省力多了。最后，他们在农场办理了结婚手续，分到了一间储藏室。清理完所有的杂物后，刷了墙、铺了地，总算有了个安身之处。

1976年，金默玉跟丈夫回上海探亲，她为婆母干家务，老太太高兴得逢人就夸：我儿媳妇是皇族，知书达理，能干活，又孝顺。但长期的劳累导致金默玉的身体垮了，X光片显示脊椎九节坏损，又患有骨髓炎、腰肌劳损，她再也撑不下去了。农场为她办理了病退，每月工资降到16元2角，连吸烟的钱都不够。她由于劳累和受凉，不断受病痛折磨，实在撑不住时就吸上一支烟来缓解，逐渐养成了吸烟的习惯。

1979年，金默玉平生第一次发出求助信。她给邓小平写了一封信，要求得到一份工作。她说如今已干不了体力劳动，但还能干得了脑力劳动，请给我一份工作。信很快得到了回复，她说：“我有了工作，有了房子，也有了今天的生活。”

金默玉出生在旅顺，作为皇族，她没有过上王府鼎盛时期的奢华生活，也没有得到家族的呵护。父亲善耆在旅顺的家产几乎被日本浪人川岛浪速骗光，也没实现复辟梦想，郁闷成疾，病逝旅顺。棺椁运回北京，众多子女中，金默玉年龄最小，没有随行。她只听说，当时的北京虽已改朝换代，但父亲仍以亲王的规格出殡，车马仪仗排满了整条街道。送葬当天，万人空巷。

金默玉进日本东京的学习院上小学，直到大学二年级，太平洋战争爆发后回国。上学期间，很少有人关照，养成独立生活的能力。她说：“川岛芳子在北京胡作非为的时候，没有钱就跟我要，我没钱给她，她还打我。哥哥们扔下孩子一走了之，只给我留下100块钱，最后受牵连的还是我。”这番话听上去是些怨言，但语气却非常平和，没有不满和怨恨。我问过她，坐牢是否与川岛芳子有关系，她说：“也不完全是，哥哥们的出走属于叛逃，后来接受他们从日本寄来的钱物也是原因之一。”

金默玉说：“当初父亲把哥哥们都送到国外最好的军事院校，可他们大都没有学到真本事，有的还学了一身坏毛病，抽大烟、纳小妾，肃亲王的家业都败落在这些哥哥的手里。北京东四十四条和旅顺、大连的房子都卖尽了，最后也是逃的逃、亡的亡，没有一个像样的，所以我瞧不起这些男人们。”

相处近两个月，我俩住在一个房间，我睡在长沙发上。她本来要为我在另一个房间铺床，我说两个人住在一起说话方便。她爱看电视，每天晚上都看到没有节目为止，还意犹未尽。老施在家的时候，每晚要给她煮一碗方便面，放上日本调料，而我要给她煮方便面时，她反而说：“不吃了，太麻烦你了。”我说没什么麻烦的，照常给她做夜宵。至于被褥都是我主动换洗、晾晒。她喜欢打麻将，如有朋友来陪她玩，不管输赢，她都会高兴得哼起小曲。

当时，她着手筹建少儿日语培训班，每周上半天课，有 20 多个 10 多岁的小学员，聘有两名教师，教室是借用的。上课时我去过几次，她还顺便领我逛过琉璃厂。

已是深秋季节的北京，外边的树虽是绿的，室内却很冷，每晚打开电热器后，我俩便拥被长谈。谈到我的母亲时，她说：“在旅顺时，我时常跟九姐在一起，她陪我玩，还给我养过一只小鸟，给我做布娃娃。后来我去日本上学，知道九姐嫁给了蒙古王爷，还给我寄过照片。我忘不了九姐对我好，所以我愿意见你们。你们有蒙古人的淳朴和大气，孩子们也有教养，我喜欢。”我给她讲了我母亲在“土改”中的遭遇，我说：“母亲没有生活能力，乞讨又张不开口。”金默玉当即就说：“那有什么，要是我的话，我就敢满大街走，敢大声喊！”这就是这对同父异母姐妹的不同性格和不同境遇。

金默玉为什么不选择去日本定居？许多人都问过她，她回答很坚决：

“我是中国人，为什么要去日本定居？在日本人眼里，我是爱新觉罗的后代，是有身份的人，我为什么要去日本过寄人篱下的日子呢？现在，我只想发挥自己的一技之长，为国家做点事情，在中国办一个日本语学校，通过我的关系让日本人出钱为我们办学，这是多好的事啊！”

2012 年 9 月，本文作者沙兰在呼和浩特

为了这所学校，早该颐养天年的金默玉常年奔波于中日两国之间，20 世纪 90 年代，她年近 80，还带着许多小学生去日本各地访问。经过多年的不懈努力，金默玉创办的爱心日本语学校，得到了国家、河北省和廊坊市的支持，也得到了日本文部省、日本民间团体和个人的资助。

生活的变故和特殊的出身造就了金默玉果敢、乐观、顽强的性格，她充满波澜的个人经历早在 20 世纪 80 年代就已经写进自传《清朝王女的一生》（日本中央公论出版，后被译成中文），在日本出版发行了。如今，她已是 97 岁高龄的老人，深居简出，却依然时常被中日媒体关注。而我也只有在心中默默地为她祝福，愿她健康长寿、平平安安！

2013 年 9 月

纪事

故宫文物藏品七年清理经过记

郑欣淼*

从2004年到2010年，故宫博物院对院藏文物进行了长达七年的全面清理，摸清了“家底”，首次对外宣布：截至2010年底，故宫博物院的可移动文物总数为1807558件（套）。多达500卷左右的《故宫博物院藏品大系》开始出版，《故宫博物院藏品总目》从2013年1月陆续在故宫网站向社会公布。

截至2010年底，中国文物系统博物馆藏品总量为1755多万件（套），一级品58649件，故宫藏品占总数的1/10多，故宫在文物清理前的一级文物8272件（套），已占到全国文物系统一级品的1/6。由于故宫文物的特殊价值及其数量的巨大，它的彻底清查，不仅是故宫博物院发展史上的标志性事件，对于中国文化遗产保护、中华历史文化研究也都具有重要意义，并为从2012年开始的全国国有可移动文物普查工作起了示范作用。

一个展览引起我对故宫文物的关注

故宫文物清理开始于2004年，但最初引起我对故宫文物的关注始自

* 郑欣淼，现任故宫研究院院长、中华诗词学会会长。曾任文化部党组成员、副部长，故宫博物院院长、党委书记，第十一届全国政协委员、文史和学习委员会副主任。

2000年初春的一个故宫展览。当时我在国家文物局工作，故宫斋宫正在举办“清代宫廷包装艺术展”。这是故宫博物院与法国集美博物馆合办的展览，展品除故宫的包装物外，还有集美博物馆收藏的反映中国包装的八件文物以及一位法国收藏家所收藏的中国民间传统包装物。展出的清宫包装物都十分精美。

我认真看了这个展览，感到把清代宫廷包装定位在“艺术”的角度来展示欣赏，反映了主办者对包装认识的深化。好的包装不仅讲求实用，而且注重美观，把科学与艺术结合了起来，是创造性劳动的结晶。这一展览所选器物以康熙、雍正、乾隆时期的较多。这一时期由于政局比较稳定，经济迅速发展，财富大量积聚，各类工艺美术品均达到精益求精的水平，宫廷用品的包装亦复如是。包装材料多为紫檀、漆器、珐琅、竹雕、银累丝、织绣品等，包装物的制作则采用雕刻、绘画、镶嵌、烧造、编织等诸种工艺，器物与包装可谓红花绿叶，相得益彰，处处体现出皇权思想和皇家气派，同时氤氲着深厚的中华文化底蕴，反映了中国人特有的审美情趣。

印象最深的一件展品是乾隆“一统车书”玉玩套装，它利用日本漆匣作为外包装，匣内错落有序地摆放10层锦盒，锦盒内有造型各异的古玉及为之彩绘的山水、花鸟、诗词咏颂。为防止套匣置放顺序混乱，特将层数顺序与吉祥祝愿的名字合二为一，如一统车书、二仪有像、三光协顺、四序调和、五采章施等，使枯燥

“一统车书”展品

的数字成为体现美好意境的重要角色，把实用与博大精深的中华文化底蕴结合起来。我了解到，故宫只是把匣中的玉器作为文物保藏，而把这件套匣弃放他处，这次为了搞展览，费了好大劲儿才让它与玉器合在了一起。

这件精美的套匣应不应当作文物，或作为文物的一部分？这引起我的思考。我又进一步在想，那么什么是文物呢？或者说，以今天的认识，应该怎么看待文物呢？我把这个思考写成《我看“清代宫廷包装艺术展”》的文章（载于《中国文物报》2000 年 3 月 19 日），说到这个展览对我的一个重要启发，就是“加深了对文物内涵的了解，拓宽了文物的概念”。我在文章中说：“故宫藏品中不少是稀世珍品，据故宫同志介绍，由于认识上的原因，过去往往把文物与其包装物区分开来，对包装不甚重视”；今天来看，这套精美的套匣，无疑也是文物，“举一反三，我们应该扩展文物的概念。文物不只限于传统的青铜器、瓷器、玉器、字画等方面，也不应简单地按某一年代作界限。近年来我们对文物的认识在深化，许多具有科学、艺术、历史价值的东西，或是反映当代某些重大历史事件的物品，以及反映特定地区、时代、民族的图片、实物，当代的一些有代表性的艺术品等，都应作为文物开始收藏、抢救。这是个大问题，可做的工作很多，我们的思路应该更开阔，早一点动手去抓。”

在国家文物局的数年间，我一直关注故宫文物藏品的状况，感到从今天对文物的认识出发，故宫还有一些物品应作为文物对待。

下决心摸清故宫家底

也真是有缘，2002 年 9 月我调到故宫工作。当时我面临的主要任务是故宫建筑的百年大修，我从自己所了解的情况向文化部孙家正部长汇报，提出故宫的文物应该彻底清理，得到了他的支持，他嘱我要弄清故宫文物的“家底”。

故宫的文物藏品到底有多少，是必须查清楚的。这是我们这代人的责任，有两方面的原因促使我下这个决心：

一方面，文物藏品是博物馆赖以存在以及开展业务活动的基础，藏品质量的高低和数量的多少是衡量一个博物馆地位及其作用的主要条件。弄清了故宫博物院藏品的种类和确切数量，才能对其有效地实施保护，才能对它的内涵、特点以及价值有更为全面、准确的认识，也才会对它进行更为深入的研究和挖掘。这是博物馆的基础工作，是科学管理的前提，是向世界一流博物馆大步迈进的故宫博物院首要的而且务必搞好的一项工作。也就是说，这是故宫博物院自身发展的必然要求。

另一方面，故宫的丰富藏品是中华民族珍贵的文化财产，故宫博物院代表国家进行保管，弄清这些财产的底数并认真妥善地加以保管，是对国家对民族负责任的表现，是不容许有半点疏忽与懈怠的。

故宫文物清理毕竟是一件大事，不能仓促进行，必须作好充分的准备，首先要弄清文物藏品的历史现状。我为此专门进行调查研究，翻阅档案，深入库房，并向有关专家与管理人员请教，写出了《关于故宫博物院彻底清理文物藏品的研究报告》，9000 余字，分四个部分：一、故宫历史上文物藏品的四次大清理；二、彻底清理文物藏品的条件已经具备；三、彻底清理文物藏品的九项工作，即继续完成 90 余万件文物账、卡、物的“三核对”任务，审慎地整理“文物资料”，对未登记、点查的藏品彻底清理，在全面清理中重视发现文物藏品，把图书馆应列为文物的善本、书版等归入文物账进行管理，对古建部收存的大量资料及古建筑修缮工程档案也要重视整理、保管和利用，解决文物藏品的统一管理问题，编印文物藏品总目及珍品图录，结合清理做好文物的鉴别定级等；四、彻底清理文物藏品与全面提升文物管理水平相结合，包括提高文物管理的信息化水平、重视文物藏品的修复与抢救、加强对文物库房的建设和管理、探索并完善文物管理新体制等四个方面。报告初稿广泛征求了各方意见，经多次修改定稿。

2004 年 8 月 31 日，我把这个报告上报给孙家正部长："我来故宫，您嘱要弄清家底。近两年了，越来越感到这一指示的适时与重要。为了更好地开展这项工作，我今年用三个月时间进行调查研究，写出了《关于故宫博物院彻底清理文物藏品的研究报告》，8 月 27 日我在院里作了《文物清理工作七年规划》动员报告。现院文物管理部门及各业务部门正据此制定七年清理规划，并作相应的准备，拟 10 月召开清理工作会，全面部署。具体工作已开始启动。这是一项大的基础性工程，我们决心完成。先送上这个报告，请便中一阅，并给予指示为盼。若您有时间，请来故宫视察需要清理的文物的状况，亦指导我们的工作。"孙家正部长于 9 月 2 日作了批示："故宫文物的清理是一项基础性浩大工程，是加强保护、陈列、展示、研究等各项工作的前提。意义重大，责任重大。要有全面的规划、科学的操作程序，明确的责任和严格的纪律。此项工作与古建的维修结合进行，工作量巨大，同志们会很辛苦，但意义深远、责无旁贷。此件可改写成一份《文化要情》上报党中央、国务院领导同志知悉。"

这份报告成为制定故宫文物七年清理工作规划的基础和依据。

故宫文物清理的契机

故宫当时的文物总数是截至 1994 年底的统计，共 934258 件，其中属于清宫旧藏的 711338 件，1949 年以后入藏的 222920 件，对外宣布一般说是近百万件。

故宫博物院的文物藏品开始全部来自清宫，清宫的物品有两类：一类是传世的铜、瓷、书、画及供赏玩的工艺品等，这些是公认的文物；另一类是与衣食住行、典章制度及文化活动有关的物品，如宫廷家具、帝后服饰、皇帝玺印以及唱戏用的戏衣道具剧本，宗教活动的法器造像等，这些当时都不是文物，而是实用之物。对传世文物及工艺品等，一般来说，账目是比较清楚的，所谓底细不清楚，主要是指第二类。故宫博物院成立以来，故宫文物经过多次清理，重点也在这些宫廷遗存。

我算了一下，故宫博物院的文物清理、点查，从博物院成立前到21世纪初，大致有四次，每次都持续在十年左右。第一次是1924年底至1930年，其后又用四五年时间进行点收；第二次是1954年至1965年；第三次是1978年至80年代末；第四次是1991年至2001年。现在要进行的文物藏品清理，在故宫博物院历史上是第五次。这应该是一次彻底的全面的清理，是必须完成、经过努力也能够完成的工作，因为它不仅总结了过去的经验教训，而且在思想认识上有了新的提高，并具备了一些必要的物质条件。

我在故宫调研中感到，对于文物藏品价值的认识，故宫已有了重大的提升。2003年3月26日我在上海博物馆作了题为《故宫的价值与故宫博物院内涵》的讲演（载《故宫博物院院刊》2003年第4期），讲到对故宫价值认识深化的四个方面，第一个就是对文物认识的深化，认为故宫文物的价值是客观存在的，也是多方面的，对这些价值的理解要随着人们认识的提高而有所发展，今天就要从文化遗产的视角来看待，更应重视文物的社会文化价值。

这次文物清理，同以往的一个重大区别，就是强调用“故宫学”作为指导思想。2003年10月，我们提出了故宫学的学术概念，主张对故宫及其丰富的历史文化内涵进行深入、全面的发掘。从故宫学的角度看待故宫，我们对故宫的价值有了更加充分的认识，不仅认识到故宫古建筑、宫廷文物珍藏的重要价值，而且看到了宫廷历史遗存也有着同样重要的意义。故宫博物院过去曾处理过大批的宫中物品。除20世纪50年代处理过上百万件外，70年代初又处理了近37万件。处理前都履行了严格的审批程序。现在看来，绝大部分确实应该处理，例如1955年第一次处理中仅皮货就 10 万余件。但其中相当一部分还是有独特价值的，特别是那些以年代晚近、材质不好、艺术性差或重复品太多为由处理了不少物品，如乾隆以后的假次书画、宗教画、近代书画，同治、光绪时期的粗制硬木家具，嘉庆后的大量瓷器重复品、民国时期的小钟表、大批八旗盔甲乃至新中国成立后的国际礼品等。宫廷遗存中有的重复品多，一般来说，文物的存量与价值成反比，一类文物的存量越少，每件文物的价值就会相对提高。但是，这个“多”，是就皇宫而言，从全国来说，则是相当少的。例如，当时有大量八旗盔甲，现在保存很少，人们以为保存大量的重复品对个体的认知并无意义。今天看来，正是有大量的重复品，才能体现出八旗的军威和气势。当然对这些物品的处理，不只是某个部门或少数人的认识，而是当时中国文博界与整个社会文物保护认识程度的一个反映。从 20 世纪 80 年代后期，故宫对此开始了反思，陆续将院里现存的原已注销的一些文物又收库保存。

随着全社会文物保护意识的空前提高，故宫人的文物观念在拓宽和深入，认识到宫廷遗存是反映故宫历史不可分割的活见证，与古建筑、宫藏历代文物密不可分并具有同等的重要性。这一共识是搞好清理工作的重要的思想基础。在故宫学的影响下，我们对文化遗产概念的理解逐步深化，文物保护观念有了新的变化，认识到原来众多不被重视的宫廷遗物无疑具有一定的文物价值，是反映宫廷历史文化某些方面的实物见证。同时，故宫学所体现出的故宫博物院对传承弘扬中华文明的强烈责任感、使命感，也要求我们更加自觉地对故宫进行全面的保护。可以说，这次藏品清理是在文物认识视野不断开拓并日益取得共识的基础上，是在故宫学理念的指导下具体进行的。当然，这次藏品清理也是故宫学自身深入发展的需要，对故宫学研究必将起到有力的推动作用。

从 2003 年开始的故宫古建筑大规模修缮是促进文物清理的一个契机。这种促进体现在两个方面：一是调整并确定地面文物库房。过去故宫文物都在地面库房存放，库房不固定且条件不好，文物经常搬来搬去，影响了文物的管理与核对工作。地下库房建好后，60% 的文物有了稳定的栖身地，但地面库房问题尚须认真解决。这次修缮不仅要解决殿堂的破败问题，而且与它的使用功能结合起来一并考虑。修缮规划中已包括了地面库房的设置，并将根据不同文物的特点要求进行设计修建。有了固定的并且具有良好设施条件的库房，就为文物清理创造了必要的条件。二是在修缮过程中，对宫殿内的物品要搬迁，许多几十年未动过的物品也要动动，这就促使人们对这些物品进行整理、清点。

当然，以前四次文物清理的成果与经验都十分珍贵，是第五次文物清理的重要基础。

准备与部署

首先是成立文物管理处。我国博物馆一般都设有陈列部和保管部，专事文物的陈列和保管工作。故宫博物院在以往改革中取消了这两个部门，而由新成立的专业部门（古器物部、古书画部、宫廷部）承担上述职责。这种管理体制有明显的优点，但因没有了原来的制约、监督，尽管强调提用文物方和库房保管应是不同的人员，但往往难免混岗，同样的人一起干同一件事，容易产生管理漏洞。为了完善这个新体制，故宫博物院于 2004 年专门成立了文物管理处，统管文物总账及出入库管理，账物分管，并总结以往工作，制定有效的管理办法，杜绝存在的问题。

接着进行动员与部署。2004 年 8 月 27 日，故宫召开第五次文物清理专题会议，其实就是动员会，我在会上就这次文物清理的意义、任务、目标及工作要求等作了报告。会后各业务部门据此做出具体清理进度表。有的部门清理任务较重，有的部门相对较轻，综合下来，完成全部清理任务需要七年，于是制定了《故宫博物院 2004　2010 年文物管理工作规划

(讨论稿)》。这里的“文物管理”，就是“文物清理”。10 月 29—30 日，又召开了文物管理工作会议，对《故宫博物院 2004—2010 年文物管理工作规划(讨论稿)》进行了充分讨论，明确了故宫文物清理工作的目标、任务及具体要求。我在会上强调，在文物清理过程中，要认识到任务的复杂性和艰巨性，要始终以“坚持质量，保证安全，长抓不懈，努力推进”为指导思想，发扬愚公移山的精神，实事求是，扎扎实实地做好各项工作。故宫文物七年清理工作全面展开了。

文物清理的目标是家底清楚、账物相符、科学管理。按照七年规划，首先要完成在册近百万件文物的账、卡、物三核对，完善名称、定级、计件及统计工作，解决历史遗留问题，确立准确的文物数量，更换院在陈文物的提单，建立定期审核和更换提单的制度。第二，对在册或不在册的文物资料进行认真整理，根据文物保护法给予登记，造册、统管起来，符合文物标准的要提升为文物，仍为资料的，也应予建账，妥善保管。第三，对近 20 万册古籍善本、特藏及院藏 20 多万块珍贵的书板，逐步完成整理、核对、定级、编目，登录文物信息系统，使之纳入全院文物管理。第四，在认真清理的基础上，摘清家底。适时编印《故宫博物院文物藏品总目》和《故宫博物院文物珍品分类大系》(后来出版时定名为《故宫博物院藏品大系》)，向社会发行。在搞好文物藏品清理的同时，还要提高文物管理的信息化水平、重视文物藏品的修复与抢救、加强对文物库房的建设与管理、探索并完善文物管理新体制等。

同时成立了以李季常务副院长为组长的“故宫博物院藏品清理工作审核组”，以研究解决文物藏品清理工作中遇到的重大问题。审核组的工作程序进一步细化了验收工作的具体步骤和要求，明确每份清理报告由科组、部门及文物管理处三级审核，并最终由院藏品清理工作审核组成员到库房实地考察、审核的验收程序。科学的规划部署以及严格、规范的审核验收程序，从根本上确保了本次藏品清理工作的质量。

七 年 之 路

七年时间，回头看似乎很快，但对于故宫博物院具体参与文物清理工作的员工来说，那其中的艰辛、困难、挑战以及他们付出的心力，是别有一番体会的。

故宫大修需腾移库房，这是文物清理的一个机会，但文物的搬迁又颇为不易。宫廷部从2004年至2006年搬过50个库房。地面库房条件较差，没有任何取暖、防暑设施。三伏高温季节，有的人连续工作，以致中暑虚脱；三九寒天，更意味着难度和风险。搬迁体仁阁的乐器编磬时，因搬玉器不能戴手套，大家就用冻僵的双手极其小心地呵护着搬送。这种搬迁，又往往是先找个临时放置的库房，但有时原来的库房未修好，临时的库房又要维修，只好再找临时的库房。宫廷部在整理车马轿舆等文物时，来回大规模搬迁文物不下八次。

武英殿书板分散存在东华门城楼和角楼等处，清理的第一步，是把书板运到慈宁宫。东华门城楼上的书板有数十年没有整理过，上面落满了厚厚的灰尘，一脚下去就是一片烟尘。因为工作量大，雇用了汇中公司的40个清洁工，集中抢运。存放在戏衣库的书板，因戏衣库要维修，又搬到毓庆宫。这些书板在慈宁宫除尘、登记、分类、组目，共计244107块，最后又搬运到角楼存藏起来。

图书馆书板搬运还可以雇人帮忙，宫廷部宗教组原状摊四个人，却管理库房61处，他们的工作谁也不能代替。原状摊的基础条件可能是全院中最差的。由于古建修缮、库房功能改变等原因，文物存放地点数次变更，账、卡登记有很多不清楚之处，库房里的文物错综复杂，交叉存放的现象极为严重。账上所记文物的状态与实际库房中的文物有很多是不相吻合的，不少文物没有写号、作卡片，更没有文物方位的注明，这给他们

武英殿书板整理前后对比

的工作带来很大的困难。加上库房数量又多，为寻找一件文物常常需要付出极大的努力。在核对文物的过程中，他们所承受的劳动强度远比想象的还要大，除尘和清理建筑渣土，有时一干就是数天，所清除的建筑渣土不知运了多少车，而这些渣土还要用筛子筛选，以检查其中是否含有文物散件。咸若馆的擦擦佛有 4000 余件，都是泥作的，易碎，每一件他们都要从箱子中拿出来，写上号，挂上签，测量尺寸，注明伤况，然后再包好，放入箱中，最后一箱一箱地码好。重复地做这样的事情，既要克服身体上的疲惫，又要保持高度的谨慎与小心，这无疑都是对他们身心的一种考验。

故宫文物清理又是极具挑战性的事业。面对百万件藏品的核对，数字统计要精确到个位，要与历年统计相吻合，谈何容易！核对中出现的诸多问题，既有管理的体制制度问题，也有藏品保管者工作中的问题。因此，清理文物不仅需要吃苦精神，还要有足够的耐心，要有不解决问题不罢手的毅力。宫廷部白寅生同志虽即将退休，但并未因此而降低对工作的标准。为了核对借出文物的具体数字，他不仅反复核对账、卡、物，还一趟趟地到档案室查阅往年档案，直至查到了1958年的档案，才查出一件文物的下落。有的同志为了查找一件文物的信息，往返库房几十次。古器物部2万余件银器资料，自1964年到2009年的45年之间，封存于6个大木箱子里，从未系统整理过。2009年7—8月间，张丽与杨勇同志接到任务后，没有畏难、推脱，在地面库房连电风扇都没有的情况下，冒着酷暑，用了不到两个月的时间，以顽强的拼搏精神和高效的速度，按照要求完成了这批银器资料的整理工作。这样的人和事不胜枚举。

七年来，按照“坚持质量、保证安全、常抓不懈、稳步推进”的方针，各业务部门始终将文物清理作为本部门的核心工作真抓实干，稳步推进，绝不以任何借口拖沓延期，更不因本部门的滞后而影响到全院的工作步调。2009年，文物清理工作进入最后攻坚阶段。为了确保完成任务，有的部门将工作计划细化至每个工作日。同时，充分预估可能遇到的困难，及时召开进度交流会，使每个人都在整体大目标下明确自己应完成的小目标。有的部门工会适时配合清理工作开展劳动竞赛活动，对竞赛的内容、要求和应该达到的标准都做了具体规定，真正使工会工作与院中心工作紧密结合，不做表面文章。

2004年文物清理工作开始时，文物管理处处长是梁金生，他长期负责管理故宫藏品总账，从事文物藏品的保管、管理和研究工作。他于2007年退休后又被院里返聘，继续承担各库房清理核对验收报告的审核工作，这是文物清理的最后一个环节，也是极为重要的责任。2010年12月14日，他走出清史馆瓷器库房，完成了最后一次审查，长舒了一口气，这也标志着七年清理工作的结束。

在全院文物清理工作总结表彰大会上，梁金生有一个发言，最后一段充满抒情的话语表达了故宫同人的心声："身历藏品清理核对的同志都认为这个工作是个'苦差事'。要说苦，真是苦，寒冬酷暑，一件件藏品，一张张卡片，一页页账目，一座座库房，一件核对不上，再对一遍，不知核了多少遍，对了多少遍，真叫苦；这苦中是有乐的，当你游历于各种数字中和各类档案的字里行间，追逐历史，去与先人对话，去与已过去时空的事、物交流、求索，获得硕果而解决了现实中疑难时，愉悦的心情是难以言表的。你，有过这种感受吗？"

一份合格的故宫财产账

故宫的文物清理，到底做了哪些工作，解决了哪些问题？概括起来，有以下四点：

首先是解决总账与分类账不一致的问题。文物管理处所管全院文物藏品总账与各部门所管各自门类的分类账存在部分不一致的情况。解决这些问题，库房人员需要根据总账、分类账的记录，与库房卡片、实物进行核对，之后查阅相关单据，找出差错的原因，核实后对总账或分类账进行相应修改。具体来说有四方面问题：

藏品管理权限移交、提陈手续不清的问题。如毛泽东主席委托中办转交故宫收藏的"钱东壁临兰亭十三跋卷"，先由保管部工艺组的国内礼品库保管，后移交至书画组管理。移交时，老号未销，又贯了新号，导致总账与分类账数字不符。

数字、计件不一致的问题。如"清乾隆点翠嵌珠钿花"，总账为 4 件，而分类账则为 1 份。经过核实，统一了计件。

类别错误。类别错误主要是由于藏品号登录错误而产生。九龙壁瓷器库有不少类别错误的情况，如总账记为铜镜的文物，分类账记为"清雍正青花山水人物罐"等。经过核对，找出错误原因，对账目进行了修改。

拨、销情况不一致的问题。此问题多发生在总账与分类账重复品撤销分号上。如“明黄团龙缎”，总账记录拨出了分号217，而分类账记录拨出的为分号271。经核实，分号217仍然在库，属调拨错误。又如“楠木边油画山水围屏”，分类账上记录拨给了民族文化宫，但总账没有记录。为此，专门到民族文化宫查找到了该件文物，证明是总账漏登了拨交记录。

其次是解决账物不符的问题。故宫建院80多年，历经坎坷，其间文物藏品拨入拨出、借入借出、销号处理、文物资料提级和降级等，多有反复，情况极为复杂。在此过程中，库房人员任何一点的疏漏或登记报批不规范都可能造成账物的不一致。同时，很多账物不符的现象都是由于账目统计标准不一致造成的。解决账物不符的问题，是本次清理验收工作的重点，也是最大的难点之一。任何一个问题的解决，都离不开库房人员耐心细致、坚持不懈的查找。其中的工作，既包括对库房内文物的仔细核对，也包括相关文物、账目单据的追查。有时还需要库房人员根据有限的线索，进行缜密地分析和推论，才能得出准确和令人信服的结论。具体来说解决了有账无物，有物无账，登记错误，调号、调拨错误四个方面的问题。

第三是完善文物管理体制。主要是解决个别门类文物交叉管理问题。由于历史上形成的文物分类不完善，故宫个别同一门类的文物分散于不同的科组或部门进行管理，给账、卡、物三核对造成了困难。这一问题的解决仅靠本类库房、本科组甚至本部门的努力，运作起来也很费劲。因此我们确定了由相关部门或科组作为牵头单位，组织跨组、跨部门的力量协同查找，收到了成效。同时为了完善文物管理体制，由院里统一协调，根据文物藏品的属性，对文物交叉的问题统一进行了管理归属权的变更。

文物管理处作为全院文物总账的管理者，之前也一直管辖着一些珍宝等门类的文物和资料，账物未能实现分离。此次清理，文物管理处将原来所辖文物和资料，根据文物属性，分别移交给了宫廷部、古器物部、古书画部、古建部，共计 131962 件，实现了文物账物完全分开管理。

第四是彻底清查全院文物藏品。过去，由于认识的局限性，许多珍贵的宫廷遗物长期被忽略，从未进行过系统点查与整理，或没有真正纳入文物账进行管理。这次把这一类文物和资料全部纳入到清理范围，在清理过程中不放过库房的任何死角，逐一进行登记，对于以往作为资料或“非文物”的藏品，根据重新鉴定，已有相当数量被提升为文物，统一进入文物管理系统。不仅将过去从未进行过系统整理的，如 13 万件清代钱币、22703 件清代帝后书画等进行了系统整理，而且对所有资料藏品进行了重新的鉴定、研究，完成了共计 180122 件资料藏品的提升工作。

新提升为文物的藏品中，如织绣类文物里有来源于“文革”时期从北京房山上方山、云居寺中收缴的数千件经书的封面，它们绝大多数是纪年准确的明代织物，且品类众多，织工精细，纹样精美，保存完好，这在全国博物馆同类藏品中也十分罕见和难得，对于研究明代丝织品具有重要意义。又如 888 件盔头、鞋靴，过去未当作文物管理，从戏曲演出看，盔头和鞋靴与身上的戏衣一样，都是传统戏装“行头”的有机组成部分，同样具有历史价值，这次列入了文物。还有反映清代官员觐见皇帝制度的近万件红绿头签，反映皇宫警卫制度的上千件腰牌等，也在本次清理中提升为文物。

古籍、古建类藏品首次纳入文物管理序列。古籍类藏品之前虽得到妥善保管，但在保管形式上沿用了图书馆界的做法，未按文物要求管理，也是故宫唯一没有定级的藏品。图书馆将这些古籍、善本、书版按照文物管理要求进行了清点。19 个文物库房的 564713 件文物、38348 件资料，共计 603061 余件（册、块、幅、包等）藏品终于全部清点完毕，并按照文物要求完成了相应账目的编制和录入工作。这是自 1925 年故宫博物院图书馆建立以来最全面、最彻底的一次大清点。

古建部的文物库房是在原古建部实物存放地的基础上，于 2004 年文

郑欣淼院长（右三）率队检查文物库房（右一为陈丽华副院长、右二为图书馆朱赛虹馆长）

物建档工作开始后建立的，起初只有一本简单账目，基础工作非常薄弱。通过此次清理，古建部不仅完全按照院里对文物核对工作的要求，完成了古建实物 4180 件的清理核对，而且还对所核查文物进行了信息收集，对每一件核查过的藏品都按照要求贯以文物资料号，增写了卡片，形成了一套较为完整翔实的，便于增添和调用的古建文物资料电子账目。

2010 年 12 月 28 日，“故宫博物院 2004—2010 年藏品清理工作总结表彰会”隆重召开。我代表故宫博物院在会上郑重宣布：“历时七年之久的故宫博物院藏品清理工作终于圆满结束了。经过清理，故宫藏品总数达到了 1807558 件，其中珍贵文物 1684490 件、一般文物 115491 件、标本 7577 件。这是故宫自建院以来在文物藏品数量上第一个全面而科学的数字。”这是故宫向国家、向社会交出的一份合格的财产账。

故宫拿出 27 万余元，对文物清理中的优秀个人和集体给了表彰奖励：

38 位优秀个人、160 位参与者、8 个优秀集体、7 位优秀部门领导、1 项杰出贡献奖。王子林作为获奖代表发言，他介绍了其所在的宫廷部宗教文物科原状摊用汗水和辛劳换来了文物账目清楚、库房秩序整洁；他还特别提到，这七年恰恰也是学术成果爆发的七年：原状摊成员出版的著作不下七部，还发表了多篇学术论文，文物清理工作带给大家的，是大量一手资料的收集和研究深度、广度的推进。获得唯一一项“杰出贡献奖”的是梁金生。他饱含热泪深情回顾了与所有文物清理参与者共同体会到的“苦”与“乐”，并谦虚地表示，只是因为职责所在，“做了一个故宫人应该做的事情”。主管过文物清理工作的肖燕翼副院长 2007 年退休，他在会上激动地说：“清点工作结束的今天，是一个应当载入故宫博物院史册的日子！我们终于能对国人、对海内外、对于我们所典守的文物有了完整的交代。”

文物清理的另一方面成果

故宫文物清理工作，不只完成了摸清家底任务，而且在故宫学整体保护、全面保护理念的指导下，与加强文物的安全管理、科学管理等工作结合起来，使文物管理水平得到很大的提高。这突出反映在文物信息化管理日渐成熟。

文物管理系统在本次核对中发挥了重要的作用，原本一些通过人工不容易发现或解决的问题，借助电脑信息化系统即可得到很好的提示和帮助。库房人员逐步改变了以往对纸质单据的依赖，已经开始主动适应文物信息化管理的要求，积极开展各项工作。通过本次清理，文物管理系统中文物藏品的收藏位置数据和文物档案影像等信息得到了进一步充实、完善，且更加准确。通过引进计算机“流程管理”理念，实现了馆藏文物流通的全面信息化管理。现在，全院文物流通的全过程，包括院藏文物的账目管理、库房管理、文物修复管理以及展览信息、文物利用信息均可通过系统直观、实时地反映出来。

故宫人感受深刻的还有文物库房整体面貌的重大变化。配合古建大修，合理调整库房布局，解决了开放区与库房区重合的现象。部分地面库房和殿堂年久失修，密封防尘条件不好，大量的除尘和搬库工作，业务人员为此付出了超常的辛劳。2008年“5·12”汶川大地震对文物防震提出了新的要求。有关部门按照院里的要求，结合文物清理，进行文物的防震加固。宫廷部还与目前国内在防震、抗震方面最权威的中国地震局工程力学研究所合作，联合开展“雨花阁瓷塔木塔防震装置项目”的研究，设计研制出四套雨花阁瓷塔木塔“弹性滑移减隔震系统”，经受住了“模拟十一级地震”的考验，解决了长期困扰我们的高塔无法陈设的困难。

文物防震实验现场

防震改造前的祭法器库房

防震改造后的祭法器库房

文物清理靠人来完成，人们在这一工作实践中也受到锻炼、得到提升。团队意识的增强就是显著一例。清理工作是一项整体性的工作，缺少任何一个环节或个人，工作的进度就会受到影响，甚至停滞。连续七年的大规模清理工作，极大地增强了库房人员的凝聚力和集体荣誉感，培养了团结合作的工作氛围。

实践是最好的老师。清理工作也促进了故宫人才的培养和科研水平的提高。文物藏品保管是一项专门的学问，不仅需要相关的专业知识，更需要日积月累的经验。这次清理工作是难得的机遇。故宫业务人员对文物保管的各项工作有了更加深入的了解，发现问题和解决问题的能力有所增强，业务水平也得到了提高，已经产生了一批学术成果，在未来的研究工作中也必将发挥更大的作用。

《总目》、《大系》：成果与责任

编辑出版《故宫博物院藏品总目》与《故宫博物院藏品大系》，这是文物清理工作开始时就明确提出的任务。

故宫的文物藏品是否需要向全社会公布？就是在故宫内部，也有不同看法，有人不赞成。我认为这是个理念问题。其实，及时、全面公布藏品是清室善后委员会点查清宫物品时形成的优良传统。清室善后委员会的点查工作，从 1924 年 12 月 24 日开始，至 1930 年 3 月基本结束，其间先后公开刊行了《故宫物品点查报告》6 编 28 册，共统计物品 9.4 万余号、117 万余件。故宫文物在南迁存沪期间，还进行了一次逐件点收，详细登记，油印了《存沪文物点收清册》。前人已经做了，实践证明它的效果是好的，今天我们理应继承并发扬光大。

故宫文物目录向社会公开，从根本上说，是基于故宫作为公益文化机构的性质、作为世界文化遗产的地位以及以学术为公器的理念。故宫学的研究不只是故宫博物院的事，更是学界共同的事业，需要社会上、海内外多方力量的广泛参与。故宫博物院要突破传统的宣教观念，以多种形式和多种层次服务于社会，以使世人了解故宫藏品的奥妙，更好地为各界人士观赏、研究等不同需要服务。《总目》的公开就是适应了这种需要。同时，公开故宫藏品总目，有利于接受社会的监督，也是故宫人典守国家文化财产的一种负责任的态度。

《故宫博物院藏品大系》的编辑出版也很有意义。过去故宫出版过一些展览图录等，比较零散，用十多年时间编印的 60 卷本的《故宫博物院藏文物珍品全集》，选用了 12000 件文物，比较概括地介绍了故宫的文物精华，但由于篇幅的限制以及受故宫在文物整理研究工作进展的影响，一些文物门类未能包括，大量应向社会介绍的精品尚未披露，精美的故宫古建筑及其彩饰壁画与大量不可移动文物等都未列入。现拟在 60 卷基础上，编辑出版《故宫博物院藏品大系》，从故宫博物院 180 万件藏品中精选最具典型和代表性的文物 15 万件，按照陶瓷、绘画、法书、碑帖、青铜、玉石、珍宝、漆器、珐琅器、雕塑、铭刻、家具、古籍善本、文房用具、帝后玺册、钟表仪器、武备仪仗、宗教文物等，分为 26 编，总规模预计 500 卷，如此浩大的出版工程，世所罕见，被誉为“纸上故宫”。

这两部书是故宫文物清理成果的体现，都被列入“国家十一五规划重点图书出版项目”。但是它们的编制与出版也遇到很多困难，如藏品信息、藏品命名以及有些藏品的断代等都存在一些问题，文物照片拍摄的任务艰巨，特别是人力不足，参与编制的人员又多是文物清理的骨干，他们平时还有日常的业务工作。在文物清理工作开始不久，这两部书的编制就提到了议事日程，故宫成立了专门的领导小组，统筹协调相关工作，克服困难，解决具体问题。两套书都制定了《编辑则例》，设立逐级审查制度，层层把关，保证了质量。

2010 年 8 月 10 日召开了《故宫博物院藏品大系》编撰方案专家论证

故宫博物院 2004—2010 年藏品清理工作总结表彰会

会，任继愈、徐苹芳、张文彬、王宏钧等学者专家提出了多项中肯意见。2011 年 12 月 7 日，召开了《故宫博物院藏品总目》出版论证会。与会者充分肯定了故宫的文物清理和后续的编目、出版工作，认为这是故宫工作“关键的关键、核心的核心、基础的基础”，“是管理到位的表现”（张忠培先生语），对于其他业务工作将起到极其重要的作用；故宫“真正做了一件大事情”，“是很了不起的”（傅熹年先生语）；“对于其他博物馆也是很好的启示”，“应当好好宣传”（谢辰生先生语）等。他们对于《总目》出版的形式及内容设置等也提出了一些具体建议。

《故宫博物院藏品大系》于 2010 年开始问世，绘画编（5—6 卷）、玉器编（1—10 卷）、珐琅器编（1—5 卷）和雕塑编（4—9 卷）等，皇皇 23 册摆到了世人面前。至 2013 年，书法编（1　4 卷）、绘画编（1—4 卷、

7—12 卷)、雕塑编的其余各卷等已相继出版。陶瓷编的 5 卷、古籍善本编的 10 卷也已编好。这一规模巨大的出版项目正在扎实地推进着。

《故宫博物院藏品总目》经反复研究审定，于 2013 年 1 月在故宫博物院网站首次公布。此次公布的目录为简目，内容包括藏品编号、名称、时代等，范围涵盖故宫一、二、三级珍贵文物，以及一般文物和陶瓷标本。首批公布的文物类别包括铜器、金银器、珐琅器、玉石器、雕塑、织绣、雕刻工艺、其他工艺、文具、生活用具、钟表仪器、珍宝、宗教文物、武备仪仗、帝后玺册、铭刻、外国文物、其他文物等 18 大类 66 万件，其他类别文物将在今后陆续公布。故宫博物院表示，对于所公布藏品信息的不完善之处，将随着该项工作的深入逐步修订和完善。

故宫博物院文物藏品是一个动态的概念。故宫的文物管理是一个不断接续的永无止境的事业。2010 年以后的文物管理工作，依然任重而道远。《故宫博物院藏品总目》和《故宫博物院藏品大系》作为清理工作的继续，彻底完成还需要花费更多的精力与时间，部分文物还要进一步整理、鉴别、定级，伤损文物需要维修保护，文物管理体制还需进一步完善等等。近年来，故宫博物院已在这些方面作出了更大努力，取得了显著成效，展现了令人鼓舞的前景。

一代又一代故宫人的接力奋斗，目标只有一个：国宝长存，文脉永续！

2013 年 11 月于故宫御史衙门

纪事

回忆1964年秘密调查蒋经国在赣南的活动

邱　锋*

秘密任务

1964年，我曾参加秘密调查蒋经国在赣南的活动，屈指一算，已是49年前的事了，当时我22岁，名叫邱先田。当时我在江西省哲学社会科学联合会（简称“省社联”）办公室当秘书。省社联由省委宣传部主管，省社联主任由省委常委、宣传部长莫循兼任；省历史学会会长由省委常委、副省长黄霖（八一南昌起义时的警卫连长）兼任；当时，省长是邵式平（赣东北根据地创建者），省委第一书记是杨尚奎（赣南游击战负责人），书记有方志纯、刘俊秀等，省监委书记是罗孟文，赣南区党委书记是刘建华，都是经历国共两党战争和合作的老革命！

1964年春，全省哲学社会科学工作会议召开，我在秘书组，各地市委宣传部长（社联主任）领队出席，省委常委、宣传部长莫循传达了全国哲学社会科学工作会议精神，他在北京受到毛泽东、刘少奇、周恩来、朱德等集体接见。毛泽东等中央领导常来江西视察、来庐山开会，我在省政

* 邱锋，《中国老年》杂志、《中国老年报》创始人之一，历任《中国老年报》社长助理、总编辑助理、副总编辑等职。

府大院见过周总理，也在洪都宾馆见过中央统战部长李维汉和全国人大常委会副委员长班禅额尔德尼·确吉坚赞。

4 月的一天，办公室主任郭浩神秘地找我，说：“决定你出差去赣州，秘密参加调查蒋经国在赣南的活动，直接找赣南区社联办公室主任潘承富接洽，赣南区党委宣传部长钟志仁都安排了，你积极参加就是，对外不要张扬，注意保密，对谁都不要说，明天就走，批准你坐飞机去，任务很特殊，领导信任你！”这位郭主任胆大，爱出风头，曾随省委宣传部长莫循出席全国哲学社会科学工作会议，毛泽东等中央首长集体接见会议代表时，他居然敢抢到第一排就座。当时我想，郭主任布置这个任务，胆子也是够大的，再想上有省委领导把关，我也大胆前往了。

那时坐飞机的机会很少，可见这次任务的重要和紧迫！这是我有生以来第一次因公出差坐飞机，内心是激动的。从南昌机场起飞，一个多小时后就到达赣州黄金机场。赣南区社联办公室干部老林及时接站，我被安排在当地最好的招待所——赣南行署交际处。晚上，潘承富找我，商定第二天开始工作，调查线索和调查对象由当地提供。我们分析，解放才十多年，亲历亲见者不少。但当时政治敏感性强，经过镇反、反右、反右倾、肃特、老蒋反攻大陆等事件，人们阶级斗争的弦绷得很紧，害怕谈政治、历史和海外关系等问题，增加了调查采访的难度。所以，我们要做深入细致的思想工作，原则是尊重历史、实事求是，尽量多收集第一手材料。潘主任决定让老林当我的向导和助手，还专门找了辆自行车给我用。

我生于赣南兴国县，对赣南情况比较熟悉，这也许是此次省里派我秘密调查的因素之一。我小时候听父亲邱会宾讲过毛泽东、朱德、蒋介石、蒋经国的零星传说，印象很深。蒋经国的名字在赣南是有相当知名度的。

“新政”遗存

第二天，我们开始了紧张的秘密调查，走过新赣南路——当时是以蒋经国“建设新赣南”的口号命名的，我们先找到城北章江和贡江的交汇处（“章”和“贡”合起来，合为赣江）——宋代爱国诗人辛弃疾题诗处郁孤台。到了郁孤台所在的贺兰山下，是一个小山包，翻到山包的另一面，大约走300米的古城墙，就到了蒋经国全家曾住过的小别墅。这是蒋经国于1940年主持兴建的仿俄式砖木结构建筑，平面呈“凸”字形，鱼鳞板墙，板瓦屋面，有月亮门、窗的围墙，铺石小径，依山傍水，环境不错。1940—1945年，蒋经国居住于此，并接待过张治中、白崇禧、孙晓村、雷洁琼等知名人士及美国代表、苏联顾问等。庭院内有蒋经国当年用过的办公桌和亲手种植的白玉兰树。

此后，我们调查了另外一些与蒋经国有关的旧址遗迹。当年见过蒋的人比较多，相隔20年左右的记忆还比较清楚，当地人也比较敢说，甚至还能够讲出一些历史细节。

在城内，有米汁巷的“江西省第四区专员公署”旧址，原是清代府台衙门的旧址，也是历任专员的旧衙门。进入高墙大门，原来是有照壁的，蒋经国到任后，没用青天白日旗和“礼义廉耻”字，而采用两只手相握的图案（后因重庆查问，改写“诚”字），后面是一条石子路，两侧有石碑分别刻着“抬起头来”和“挺起胸来”，到机关正房约有50米。花园尽头有分别刻着“日新月异”、“自强不息”的石碑。靠近正屋门口，有三间小房，专门停放蒋经国的私人汽车：一部黑色小轿车，一部帆布吉普车和一部摩托。专署正屋呈长回形，前高后低。进入大门便是礼堂、军事法庭、动员委员会，以后成立的广慈博爱院亦设在院内。顺台阶而下，东为专署和司令部联合办公厅。顺礼堂台阶向东去，进入一道门，南北各有三间平房，北面是秘书室、译电兼监印室，南面是专员办公室、会议（会客）室（挂有孙中山手书“安危他日终须仗，甘苦来时要共赏”）和寝室。往东步入一道月门，外面有一座小花园，专供蒋经国夫妇闲暇休息之用，有花卉、石台、石墩等。天气晴朗时，蒋一家人在此玩赏。蒋经国在专署门口竖了两方石碑，分别书写“大公无私”、“除暴安良”八个银色大字，每字一尺见方，特别显眼。在专署会议室的粉墙上，用红纸剪贴了两条大字标语，一边是“我们要为老百姓解除痛苦”，另一边是“我们要为老百姓谋取幸福”。蒋经国在开会讲话时经常把这些标语口号挂在嘴上。专员公署旧址附近的大新开路上还有章亚若曾住过的地方。

在城内市区中心，有座高房子，是当年蒋经国所建的“精神堡垒”——“新赣南图书馆”旧址。

在城东郊水东镇虎岗村（虎岗，原叫长岗岭，名字是蒋经国改的，取“虎虎有生气”之意），有“中华儿童新村”旧址：儿童新村山门、儿童乡公所、小会场、膳堂、八幢宿舍、两幢教室及蒋经国旧居，占地面积200平方米。1943年，蒋经国在虎岗临江修建中华儿童新村，收容1000多名儿童，多数是流落街头的难童。

在东门外白云乡有新人学校（由强民工厂、新人工厂、妇女工厂合并）遗址。据多人回忆，校内有座方锥形石碑，正面是蒋经国手迹放大模刻的“自觉碑”。左右分刻“自立立人”、“自觉觉人”。背面刻办校方针：化监狱为学校、化坏人为好人、化黑暗为光明、化消费为生产、化无用为有用。

在城西郊水西镇赤珠岭，有“三青团干部培训班”旧址（俗称青年营）。门口写的是黄埔军校有名的对联：“做官的莫进来，发财的请出去。”1939年12月，蒋经国以三青团江西支团筹备处主任的身份，在此举办“三民主义青年团干部培训班”，成为蒋经国日后“建设新赣南”和从政的主要力量，是蒋经国培养嫡系干部的场所，章亚若、王升、肖昌乐等即毕业于青年干部班第一期。

在市郊西北湖边梨园背的江西省第二保育院院址，是一组保存完整的清代中期客家“九井十八厅”建筑群，占地范围广。现存思永堂、落栋屋、六一楼、水月阁、怀德堂等。1939 年 3 月，蒋经国在此督练新兵，1940 年成为由蒋方良任院长的江西省第二保育院院址。保育院用的竹制衣帽架上，还写有“抗日救国，还我山河”、“实行新生活”等标语。在梨园背还保存一栋四扇三间土木结构建筑，是蒋经国严禁烟赌娼时主持创办的“戒烟所”旧址，当年不少鸦片烟鬼被送到这里强制劳动，限期戒烟。

在梅林有“江西省直属地方行政干部训练团”旧址，一栋仿俄式“H”形建筑，鱼鳞板墙，青瓦屋面。

在通天岩广福禅林保存有蒋经国在通天岩避暑的山房，还有一处舞厅。1946 年 9 月，蒋经国曾陪蒋介石到通天岩参观。

在市郊南部沙石镇有双圳溪水陂，是蒋经国主持兴建的，虽然路远，我们也抽空去看过。

我们通过赣南区党委宣传部，在赣州市图书馆找到一套由蒋经国创办的《正气日报》和不全的《新赣南日报》，还有几本印制粗糙的有关赣南的出版物《新赣南》、《新赣南月刊》，好像有蒋经国著的《西北——赣南》。我向来注重文字材料，做过摘录，印象颇深，查到蒋经国的文章、讲话、报告有 100 多篇，也有些历史照片。

赣 南 事 略

赣南区党委宣传部、赣南区社联为这次秘密调查活动使了很大劲，找知情人、找地址、查敌伪档案、找线索，在一个多月的时间里，除了更多的个别调查外，我们开过几次十多人的座谈会，每次我都是简短说明来意，强调省里历史研究课题的需要，希望打消顾虑说实话，然后认真做笔

1964 年 5 月，作者（左）和老林在赣州通天岩调查时的留影

记。调查活动结束后，按规定上交组织收存。

我们接触了四五十人，主要是与蒋经国有关的机关秘书、司机、马夫、小职员、商人，还有蒋经国办的正气中小学、儿童村的人员，基本是历史清楚的干部群众，至于三青团、国民党的骨干、伪保长以上的人员大多被定为历史反革命，由公安部门控制，我们无法调查，当时也不敢调查。

如今，调查的具体人名都记不清了，记录材料也上交了组织，我的向导和助手老林也早已过世。但是，通过这次调查，对蒋经国在赣南的活动还是有了个基本了解。

蒋经国 29 岁在赣南当专员，35 岁离任。见过他的人都说，他中等个子、鼻大嘴阔、西装头，常穿衬衣夹克或蓝布工装，性格开朗洒脱、富有生活情趣和幽默感，常和青年一起打球、跑步、游泳，可以与任何人握手，满面笑容，与民同乐，低调、朴素，吃穿随意，喜欢微服私访，喜欢骑马开车，有亲民作风。

1937 年初，在苏俄历经“冰天雪地十三年”磨炼、带着“赤化”烙印的蒋经国，携带白俄妻子芬娜（即蒋方良）和一双儿女回国，辗转回到浙江，留学苏联的经历和潜移默化的影响，归国前斯大林的接见和鼓励，并不是他想忘就能忘的。1929 年 12 月，蒋经国申请加入苏联共产党。为了表示坚定的立场，他还一度在苏联报纸上发表声明，如果将来有机会碰到蒋介石，要“给他和他的党羽严酷的惩罚”。蒋经国这次回国，还是拜托国民党元老吴稚晖说服蒋介石在杭州接见他的。一进门，蒋经国就跪下三叩首。表达他认父之诚以及与过去 12 年决裂的态度。接着又施礼拜见后母宋美龄。父子很快和解，蒋介石特意派侍卫长到上海购买新式“别克”轿车送蒋经国回溪口老家，让他暂时闭门读儒家圣贤书“洗脑”并奉侍母亲。一年后，在蒋介石的精心安排下，蒋经国应江西省主席熊式辉之邀，赴南昌出任省保安处少将副处长、新兵督练处长。

1939 年，日寇进逼南昌。3 月，新兵督练处迁往赣州，赣州恶霸势力很大，省府的政令向来不能贯彻执行；这个地区的专员、县长，如不与地方恶霸集团勾结，就站不住脚。当时，赣州的行政督察专员是康泽系统的复兴社分子刘己达，他自恃有康泽作后台，不把地方恶霸放在眼里，结果在一次出巡中遭到恶霸爪牙的围殴和软禁，为此引咎辞职。熊式辉借此机会，派蒋经国接任赣州行政督察专员后兼赣县县长，冀图利用他“太子”的权威来整顿赣南的混乱局面。

1939 年 6 月，蒋经国转任江西省第四区专员公署行政督察专员。第四区直辖赣县、南康、上犹、崇义、大余、信丰、全南、龙南、定南、安远、寻乌等 11 个县。他最初有七八名便衣和军衣卫士，加上两个保姆、一个厨师、一个司机，有人说他家还有理发师、面包师，很是威风。

任职赣南行署专员期间的蒋经国

蒋经国一到赣州，不是去赤珠岭，便是到五云桥，要么就穿街走巷。那时赣州的交通不方便，无论是渡章河，还是过贡水，都必须人走浮桥，车过渡船，很不方便。蒋经国有时开摩托车，有时骑自行车，有时干脆走路，很短的时间内就熟悉了赣州的大部分情况。

1939 年以前的赣南为粤军控制，这里经过“星星之火”的革命洗礼，经过国民党的五次“围剿”和复辟倒算，“民穷财困，土劣横行，文化落后”，熊式辉政令不通，是江西化外之区。熊式辉派蒋经国主政赣南当专员，是一着政治棋：一来可以借重其“太子”身价，遏制粤军和地方势力，二来可以讨好“老头子”蒋介石。

时年 29 岁的蒋经国曾对县长王继春说：“倘使没有抗战，我们恐怕都不会到这个穷山峻岭的赣南来。”然而，血气方刚、有救国理想的蒋经国，也有意“到最坏的条件下去试试”。初到赣州，蒋经国发现，随着抗战局势的发展，赣南地理位置的重要性凸显，是连接东南和西南的桥头堡。已成为“前方的后方，后方的前方”，他说，“赣南是一个完完全全适合于抗战建国的据点……在我就任赣南之初，就下了决心，要克服一切困难，而完成此项使命。”

蒋经国办公室的会客厅悬挂着《同舟共济图》。此图是青年画家彭友善呼吁全民团结抗战的大作，花了近一年时间才完成。1936 年蒋介石 50 岁生日时，熊式辉特选为祝贺礼品，派南昌警备司令乘专机护画飞往南京呈献的。《同舟共济图》画的是一条渡船在乌云翻滚的大风大浪中，几十名水手拼力划桨，与狂风恶浪激烈搏斗欲抵彼岸的情景。细看人像，那右手紧握舵柄、左手指点着前方者正是蒋介石。用力扯起风帆的，是国民党中央常务委员会主席胡汉民。船首手搭凉篷、窥视前方者，是外交部长张群。其他人物有于右任、张学良、戴季陶、杨永泰、孔祥熙、汪精卫、冯玉祥、孙科、王世杰、何应钦、阎锡山、马占山等。

1939 年底，日本军事情报机关决定以蒋介石的家乡宅院作为攻击目标。一天上午，两架俯冲式轰炸机出现在溪口镇上空，武岭街上的警报顿时大响。蒋介石原配夫人、蒋经国生母毛福梅当场被炸坍的屋墙压死。不到几小时，蒋经国通过短波电台听到噩耗，失声大哭，悲痛欲绝，当即决定奔丧溪口。这段路有 700 公里之遥，必须穿越赣浙两省的山区小路。他的汽车连续行驶 20 个小时，遇到烧毁的桥梁还得涉水而过，总算在毛夫人遇害次日赶到家门。一见到母亲的尸体，蒋经国就哭昏了过去。丧事由蒋经国一手操办，起灵出殡之后，他又写了“以血洗血”四个大字，请

蒋经国夫妇与母亲毛福梅

石匠刻在石碑上，立在母亲遭难处，表示要向日寇讨还血债。回到赣州，他在办公室放着瓷板“我母之像，经国泣书”，玻璃板压着信纸写的大字“争气”，茶几上还放过一炸弹、一骷髅头（模型）。

蒋经国的“三把火”和“三禁一清”政策

1940 年 1 月，江西省第四区专员公署行政督察专员蒋经国兼任赣县县长。到任后的蒋经国雷厉风行地烧起了“三把火”，喊出“除暴安良”、“打倒土豪劣绅”等口号，打击地方恶霸、流氓、地痞的气焰，恢复地方秩序；强调严惩贪污，整饬吏治，提倡“公仆”精神，每个干部身上都挂有“公仆”二字的徽章、“公仆证”。要“除四害（烟、赌、娼、贪，称为妨碍建设新赣南的恶势力）”，厉行禁烟、禁赌、禁娼、禁贪，改良社会风气。

战时的赣南，烟赌娼盛行，土匪恶霸作乱，宗族间的械斗经年不息。蒋经国到任后，迅速出台“三禁一清”政策，禁烟、禁赌、禁娼，肃清土匪，全面出击。对鸦片烟，国民政府原来实行“寓禁于征”的政策，实则变相保护，“特种公卖处”即以省主席熊式辉为后台，公开贩卖烟土，蒋经国限定一年的勒戒期，从 1940 年 7 月 1 日起，所有查获烟犯，无论种、运、吸、售，一概处以极刑，查处“仁记宝成土膏行”19 箱烟土，在专署操场当众焚烧。有银行和商店的老板因偷食鸦片被捕，家属四处贿赂、买通警局，并表示愿捐赠一架飞机赎命，向熊式辉求情。熊式辉急电放人，蒋经国回复道：“电到已枪决，无从挽回。”

为了抓赌，蒋经国亲自带队，化装成卖馄饨的小贩，捣毁了广东某军阀开设的百货公司聚赌场。原本有恃无恐的地方豪强，一时间人人自危。蒋经国还要求：被抓赌徒必须在赣州公园抗日阵亡烈士纪念碑前罚跪 3 天，权贵也不能幸免。当时有一个警备司令的太太被抓，照样被罚跪，上午 3 小时，下午 3 小时。他严令警察局和赣州区政府切实执行，不得徇情包庇，当时报上出现司令夫人、秘书太太和大老板跪公园的新闻，轰动了整个赣州城。赣州公园经常有赌徒罚跪，多的时候跪一大排，吸引了许多群众前往观看，在社会上引起很大的震动。

赣南11县当时共有150多家妓院、680多名注册公娼，有相当比重的县库收入是通过向妓院课税取得的。离蒋经国八境台住处不远的坛子巷是娼妓集中的地方，它临近码头，紧靠繁华市区，商人从八境台上船就在此寻花问柳。1941年，蒋经国开始禁娼，查办了几家小规模的妓院，遭到老板们的软泡硬顶。蒋不为所动，下令停收“花捐”，裁撤征收妓院税的单位，关闭妓院，同时设立妇女工厂，安排妓女从良。年底，赣南地区的妓院已销声匿迹，歪风邪气自此禁绝。

蒋经国兼任江西省第四区保安司令，认为恢复地方治安是第一要务，定下为期一年的“扫荡行动”，成立一个有600名兵勇的自卫队。熊式辉应他之请，扩编赣南已有3000兵力的保安队。对付土匪，蒋经国采取的是剿抚并用的手段。有一天，他率领几个随从，没带武器，只带几瓶好酒，到崇义山区找土匪头子周盛连。周有如水浒中人，以拦路抢来的钱赈济地方穷人，他告诉蒋经国，是地方上的贪官逼他走上梁山，落草为寇。酒过数巡之后，蒋经国提出既往不咎，请周放弃不法行为，大家一起做好事。周大受感动，同意只要蒋经国在赣南做行政专员，一定不做土匪。通过这种方式，共有34名土匪头子接受招安。据报道，到当年底，共有540名土匪自首，各路警力共逮捕2240名盗匪，并处死若干重犯。

蒋经国从家庭建设开始，改变民众精神面貌。他仿《朱子家训》，制定并强力推出了《新赣南家训》，指示各县制订推行家训的实施细则，号召每户都要学习和实行，使之成为人们言行和生活的准则，要求赣南人人皆唱“新家训”和“国歌”。

蒋经国的“三年计划”和“五年计划”

蒋经国上任后，遍访赣南11县。他写道：“在赣南，我一共步行了

2850 里路，经过了 974 座桥，其中有 714 座是要修理的。有 84 条路是不能走人的。”

1940 年暑假，蒋经国到省立赣州中学附近的礼堂讲话。当时，蒋经国梳着西装头，身穿白色短袖衬衣，讲的是带江浙口音的普通话。他没有讲稿，没拿话筒，在台上边走边讲。大意是国难已当头，战事正紧张，日本鬼子不消灭，中华儿女无福享。同学们要努力学习，锻炼体魄，立志做国家民族的栋梁，准备赶走日本鬼子，为建设新赣南作贡献。他联系自己在苏联 13 年冰天雪地困苦磨难的经历，勉励年轻人要珍惜时光，学习本领，吃苦耐劳，不要贪图享受，不要追求“飞机头”（头发擦油梳成流线型），不要追求吃得好、穿得好。他说，1925 年前往苏联做工时只有 15 岁，母亲将亲手缝制的棉背心穿在他身上。到达苏联后，他换上了“洋服”，但棉背心却一直温暖着他。那时的生活十分艰苦，有黑面包吃就不错了。他特别提醒大家：毋忘国耻，日本鬼子屠杀了我们很多同胞。

1940 年夏秋时节，赣州的粮食十分紧张，粮商们囤积粮食，抬高物价，上午 100 块可以买 50 斤米，到了下午却只能买 5 斤。为了平抑粮价，蒋经国除了派军警督查、鼓励市民举报外，还亲自化装成客商核查粮价。在核查过程中，听说涌金门城门口的一家粮店储存了很多粮食不卖，准备涨价，蒋经国带着一根扁担两个麻织袋到店里买 150 斤粮，老板说没有粮，如果真的要，就到里面看。蒋经国到店里一看，大米堆成了小山，就对老板说他全要了，并给老板一张名片。老板一看是蒋经国，心里一跳：糟了！这时，蒋经国叫老板第二天到专员公署报到，并把这家粮店查封，但还是给了本钱。专员公署将收缴的大米投放市场，出现了“交易公店”。“交易公店”销售的商品开始只限于粮食，后来扩充到所有的日用百货和土特产品，销售的网点也扩展到下辖各县的市镇。抗战时期，很多地方吃粮困难，可赣州因为有“交易公店”却可以买到平价粮。

1940 年 10 月 1 日，赣州群乐大戏院内，刚满 30 岁的蒋经国对赣南各县县长、秘书、参议会议长等慷慨陈词，提出“建设新赣南”的口号，要在赣南树立一个“三民主义模范区”、“开创赣南新时代”，并讲述其“三年计划”：“我们在三年之内，要办331个工厂，要开垦2万亩荒地，要办314个农场，要建筑995个农业示范区，要成立3000个合作社，要建筑6043个水利工程，要开辟321个果园，要建筑259个新校舍……”1940年11月，第四区扩大行政会议制定了《建设新赣南第一次三年计划》，“除旧布新”的重点在于民生问题。蒋经国提出了要在三年内实现“五有”目标：人人有工做、人人有饭吃、人人有衣穿、人人有屋住、人人有书读。

以前，赣州的马路只有阳明路、解放路、中山路、文清路、西津路，蒋经国来了以后，加开了大公路、百胜路（现赣江路）、文清路。北门原来是过渡的，他建浮桥，名叫忠孝桥，以纪念他的母亲，东门的浮桥也是他修的。

蒋经国颁布命令，各种地租一律减租25%，引进“耕者有其田”的政策，把老百姓帮地主耕的100斤田租，分四年减光，四年以后，田地就是老百姓的。在佃农土地上成立示范农场，把荒地放给贫农耕作。贫农领耕荒地，要分期付款。将土地按照优劣评为九级，由多方组成的地价评定委员会评定合理地价。示范区内，原有佃农租种的土地，不论面积大小，一律归佃户所有，佃农只需签订一张按照地价评定的借据交给信用社，信用社则用贷款付给原有地主。由于价格比较低廉，这项政策立刻获得佃农支持，有些佃农本应三年归还的地价金，一年左右就全部还清。两年之内，农业生产上升20%。蒋经国推动这些改革时，“与地方既有体制——如地主士绅、军队和党部要员，几乎完全没有关系”。他努力终止地主和“地方恶霸”加诸农民身上的许多压榨行径。安远县有个土豪，号称“唐老虎”，拥有100多支枪的武装，控制了整个村子。听到各方的投诉，蒋经国立即把唐老虎抓起来，没收他的枪械，当做逮到的老虎，倒吊在竹竿上抬走。又设计诱捕号称“赣南老虎”的刘子贞。这类地方恶霸统统被送到“新人学校”受训。绝大多数“学员”是吸食鸦片、赌博、嫖妓卖淫和酗酒的人，被称为“四鬼”。蒋经国指示僚属、新人学校的主管，要人道对待学员，教育第一、惩罚其次，学校的目的是协助曾经行为放荡的人重新做人。

“三年计划”实施前的赣南，150 万人口中有九成以上是农民，除矿山开采外，全区几乎没有像样的工业。蒋经国一方面吸引沿海内迁资本到赣南开办工厂，另一方面推动成立纺织、碾米、制糖等小型工厂。1941 年，他将徐区长调任改造犯人的强民工厂厂长，后来将强民工厂、妇女工厂、新人工厂三合为一，建立新人学校。在这所特殊的学校里，学生们不仅补习文化，更生产了大量的牙刷、毛巾、线袜、麻袋等供应前线，不少实业家得知赣州社会安定，经商环境好，纷纷将工厂迁往赣州。蒋经国也筹到一批建设资金，设立浙、皖、闽、赣四省盐务督运处，开展摸彩建桥、植树种桃等活动，倒有一番新景象。苏联塔斯社远东副社长和《大公报》著名记者徐盈到赣南采访，许多社会名流也纷至沓来。

1943 年 11 月，美国记者艾特金森在《纽约时报》发表报道，称蒋经国的改革使赣南地区面貌一新。战前，赣州只有 3 家工厂，此时已有 44 家工厂。通过一年两作和新的农耕方法，赣南原本是粮食严重短缺的地方，现在的产量已足可供应 10 个月的消耗量，预计到 1944 年可完全自给自足。“中国方面的有识之士都一厢情愿地高谈中国的现代化，却只有赣南在真正的推行。”艾特金森感叹道。在他眼里，赣州是当时中国最现代化、最干净的城市。

正是在“三年计划”的效果和基础上，1943 年，蒋经国又信心百倍地提出了“五年计划”，重点推行城市建设和发展重工业。他在一次会议上提出了自己的理想：“那时的赣州，一路所望到的都是花园树木，连警察也没有了，路上都是机器来指挥交通……赣南的大礼堂，也移到南康去了，一路看去，看到了几处炼钢厂和飞机制造厂……”

这些努力没能逃脱时局和环境对蒋经国的束缚。1943年12月，也就是“五年计划”刚实施之际，蒋经国“升任”江西省政府委员，仍兼第四区行政督查专员，这一任命显然是为调离而做的准备。不久，蒋经国出任三民主义青年团中央干部学校教育长，长期住在重庆。赣南的任职成为真正的兼职。1945年2月，日军攻占赣州，在进城前，蒋经国乘机离开赣南，6月正式卸任。蒋经国的“五年计划”很快落空。“新赣南”建设数年间所积累的成就付诸东流。

蒋经国在赣南高唱的“五有”并未真正实现，却存在“十一多”的现象：专员兼职多（他兼保安司令、县长、镇长、保长、校长、村长等几十职），编外官员多（一般的专署20人，它有上百人），保安团自卫队兵多（警卫一个营，卫士一个班），宪兵警察多，军统、中统特务多，秘密捕人多，标语口号多，印刷法币多，征税募捐多，生活品控制多，行动规约多。

“儿童新村”和“正气学校”

“人人有书读”是新赣南的五大目标之一，蒋经国规定每十家一甲，要办读书会扫文盲，每天要念书两小时，保办保国民学校，乡办乡国民学校，专员公署办高中和职业学校。1942年3月成立“新赣南公仆学校”。

抗日战争进入相持阶段，无数难民涌入赣州，成千上万的孤儿在流浪。为了收留流亡儿童，蒋经国办了义童教养院和贫儿教养院，专门吸收穷苦儿童。后来看到两个儿童院不够，又开设了儿童新村。

1943年6月，经过两年多的紧张筹备，中华儿童新村在虎冈落成。开幕典礼上，身兼中华儿童新村村长的蒋经国对着1000多名换上新衣的“小村民”说：“我们儿童新村的小朋友，都是没有家庭，没有父母的贫穷儿童，你们要晓得，这里就是你们的家庭，国家就是你们的父母。在以前你们都是被人家瞧不起、看不惯……可是政府认为你们都是国家的新血液、民族的新细胞……希望你们做个中华民族的革命英雄，世界舞台的好汉。”

儿童新村设施完备，从托儿所、幼稚园到正气小学，从医院、礼堂到体育馆，一应俱全。村民们通过乡公所实行自治，乡长每年民主选举产生。在国难之际，蒋经国筹集大量物资，为孤儿们供吃、供住、供读书，还培养儿童的民主自治能力。

有几位曾在儿童新村生活的人回忆往事时仍颇为激动：“那是一个人在你最困难的时候收留了你，让你有饭吃，有书读，改变了你一生的命运，若非为民族的未来着想，是万万办不到的……”

蒋经国在赣州儿童新村

不久，日本飞机轰炸虎冈，飞机到头顶上，孩子们才从教室里撤出，有的躲进树林，有的躲到草堆里。为了保证安全，学校每天派一个学生到山顶上值班，观察赣州市的动静。值班学生只要听到赣州市放警报，就会摇响手中的警报器。每天清晨时兴唱一首歌，歌词是蒋经国自己写的："太阳出来照虎岗，岗上青年脸发光，齐声做长啸，好像老虎叫，一啸再啸魔鬼影全消，新的世界来到了。"蒋经国工作之余常到儿童新村和孩子们一起玩乐，消除他们心中的恐慌。有时还会和孩子们一起在操场上乘凉，讲述自己在苏联的故事。从儿童新村小学毕业的孩子，可以进入附近的正气中学。

蒋经国与蒋方良的孩子到赣州城东镇中心小学读书，老师查询孩子父亲的职业，孩子顽皮地回答："爸爸做专员，爷爷是皇帝。"据说，这是一位金姓卫兵教给孩子的。蒋经国知道后，严厉责罚了孩子和卫兵。

有正气学校的学生回忆：正气学校的名字，来自文天祥的《正气歌》。蒋校长要求学生们"切切实实求学问、辛辛苦苦练身体、清清白白学做人"，鼓励他们"到天空去，到海洋去，到工厂去，到矿山去"，成为工程师、机械师和航空员。对贫困学生，蒋经国下令免除学杂费。

毗邻儿童新村，蒋经国创办了正气中学，仅用一年时间，学校就建起礼堂、教室、宿舍、图书室、操场等主要设施，并开始招生。他曾对正气中学毕业生说，虽然帮助了许多穷苦的学生，但帮助学生们的每一块钱、每一碗饭，没有不来自老百姓的。"我个人决不要你们来报答，但是要你们以全国人民为对象，设法去报答全国的人民。"

蒋经国的"行新政用新人"

蒋经国多次对部下说，历代王朝的倒台，究其原因，主要是吏治不清明、官员腐败。为此，他重用了一批有能力的干部，邀请了几位过去在莫斯科中山大学的同学到赣南专员公署帮忙。曾经替苏联克格勃机关当内线的黄中美出任主任秘书，兼负成立情报网的任务。周百皆、俞季虞、徐季元三位同学则出任科长，还有高理文、尤策等人。曾被下放到西伯利亚劳改营的屈武也到赣州任职。蒋介石命令黄埔军校的得意门生胡轨到赣州辅佐蒋经国，担任三民主义青年团江西支团干事长。蒋经国最为欣赏并引为知己的，是南康县县长王后安和上犹县县长王继春。俩人为官清正廉明，肯为老百姓做事。王继春所有的财产只有一双旧皮鞋、一个旧藤箱、一床旧被子。1942 年底，王继春积劳成疾，住进省立医院。因一贫如洗，只能变卖家当治病。县政府汇去 500 元治疗费，他得知后即令勤务员汇回，院方嫌他小气，不给他好好治疗。1943 年 3 月，王继春病逝。蒋经国在追悼会上声泪俱下，宣读了题为《哭王继春之死》的悼词。他认为，王继春不是因肺结核病死的，而是被腐败的社会吞噬的。他痛斥道："这个医院是腐败的，是今天一个腐败社会的缩影；自己只管自己，不管人家的死活。把活人治死了……人与人之间没有感情，人把人当作货物，这到底是什么世界？这到底是什么天下？"

当时是国共合作时期，蒋经国也重用了一些共产党员，如张腾飞、朱承熙、王重实、包全民、甘世敏、笪移今、魏晋、雷宁（薛汕）、余致浚等，分别担任政工大队长、宣传大队长、行署秘书、《新赣南报》主笔等职，有的以公开身份共事，有的是秘密支持新赣南建设。中共赣县县委、中共赣西南委、中共东南分局也先后迁到城区开展工作。赣南人民确有"共产党又回来了"的感觉。可惜，好景不长，蒋介石制造"皖南事变"后，特务们不断逮捕共产党员、破坏共产党组织、袭击共产党游击区，直至国共合作破裂。

受个人成长经历的影响，蒋经国十分强调在艰苦环境中磨炼公务员的体魄和心智。在 1940 年 9 月举办的干部讲习会中，蒋经国与学员同吃同住，每天清晨 4 点起床早操。一天，他要求学员赤脚跑到新赣南农场，和农民进行体育比赛。蒋代表公务员第一个出场，和一个老乡比赛摔跤，结果被老乡摔倒在地。最后一天，学员们凌晨2点40分就吃完早饭，蒋经国带领大家在大风雨中集合，跑上了赣县最高的崆峒山，举行结业典礼。蒋经国说："我们这两星期的训练，最重要的是洗心的工作……应当每个人反省自己是否把心洗干净了，是否有了洁白的良心……赣南没有什么特别的地方，有的就是我们新的政治作风。"

曾在蒋经国身边工作过八年的司机回忆说，蒋经国在赣期间，推行新政，作风朴实，而且还能深入群众，不摆官架子。有一次，蒋经国和侍从人员在街上闲逛，走到豫章路的"六扒馆"门口，他突然提出要品尝一下南昌的口味，便朝馆子里走。刚进店门，就听到隔壁房间传来一阵辱骂声和摔碗甩筷的叮当声。原来是一个军官，因服务员上饭稍慢点，就盛气凌人，大发雷霆地把一碗饭朝服务员迎面打过去，旁边的人谁也不敢上前劝阻。蒋经国本来就喜欢管闲事，见此场面，便起身走过去，指责军官的粗野行为。那军官根本不把穿着便服的蒋经国放在眼里，还凶狠地说出"你少管闲事"之类的话。站在身旁的侍卫本想发作，被蒋经国拦阻了。蒋经国出示自己的名片，军官一见，就像泄了气的皮球，原来耀武扬威的凶相顿时无影无踪，蒋经国批评了他几句，把他的姓名和部队番号记了下来，饭也没吃就走了。蒋经国后来说："我把'六扒馆'的情况告诉熊式辉以后，那个军官被关了六个月的班房。"像这样的事还有不少。蒋经国因此赢得了"私行察访、体恤民情"的美名。

为整饬贪污，蒋经国在赣南办了四件比较著名的大案：

一是1940年，在赣县枪毙了专署动员委员会（蒋经国兼主任）副主任、敌（日）货检查队长任锡章。任利用职权到广裕商店一次敲诈600块大洋，蒋经国亲自追问，任锡章和店主供认相符，立即法办。熊式辉来电求释，部下也力劝蒋顺水推舟。蒋说：推给省里，罪犯可以依靠后台大事化小，小事化了，犯罪得不到处理，何以取信于民？决定立即电复熊式辉"罪犯已判死罪，无法挽回。"

二是 1944 年夏天，枪毙了贪赃枉法的大庾县池江乡长黄某某。

三是建议江西省政府将大庾县长廖声涛撤职，因廖声涛在崇义县长任内贪污不法。

四是平息定南县鹅公镇两姓械斗。鹅公镇是离定南县城 120 多公里的一个偏僻山村，村里住着彭、叶两大姓，彭姓的力量强。彭姓的人不顾禁赌令，继续赌博。袁县长按照蒋经国的指令派人查赌，彭姓的赌徒把叶姓的一个警员打死，惹怒了叶姓家族，引发一场大规模的械斗。县长对此毫无办法，请蒋经国出马。蒋了解情况后，认为这是一个政治问题，必须采取一分军事、九分政治的办法加以解决。于是，带着一个部下赶到鹅公镇。他首先找到彭姓族长，告诉他只要把凶手交出来，就不追究其他人。在惩罚凶手后，蒋经国立即向彭、叶两姓村民宣传抗战形势，告诉他们大家都是中华民族的子孙，中华民族应该团结抗战，保家卫国。又叫来彭、叶两姓的族长一起喝酒。酒后，双方签订和解协议，上交所有的枪支弹药和械斗凶具。当晚，蒋经国住在叶姓的一间小土楼里。离开定南前，还在乡公所墙壁上写下“大公无私”四个字。

蒋经国开办民众接待室，规定每周四下午亲自接见民众，老百姓可以到民众接待室申诉、告状。蒋经国有事外出时，老百姓还可以拦路告状。当地一家农户的独子被征兵，蒋经国派人追寻上千里，将这名独子找回，赢得“蒋青天”的好名声。老百姓奔走相告，含冤受屈的人也产生了一线希望。由于接见民众，解决问题，办理好事，蒋经国的传奇色彩更浓厚了。1942 年，蒋经国接见了 1023 人。1943 年，美国记者福尔曼（Harrison Forman）到赣州采访，参观蒋经国证婚的一场 34 对新人集体婚礼。蒋经国推动的种种社会改革中，有一项就是禁止传统的铺张婚礼。

蒋经国的改革得到当时舆论的肯定，声誉渐长，赣南地区出现了新气象。蒋经国将“新赣南”和革命圣地陕甘宁相比，向外界宣传说：“共产党有陕北，国民党有赣南，谁成功，谁失败，以后看。”但是，那些富豪

蒋经国推行“周四接待日”，在专署院内设立“民众问询处”，平时由专职秘书负责接待老百姓来访，每周四则自己亲自接待访民，回答问题

劣绅对此却极为不满，纷纷向国民党中央密告蒋经国在赣南“搞赤化”，蒋经国为此受到蒋介石的训斥。1940年4月1日，蒋经国特在《正气日报》发表《是非辩》一文，列举查禁后社会经济秩序得到改善和百姓所得实惠的事实，批驳造谣者，表示“是非自有公论”，要当地人民来评理。

1940年6月，蒋经国带职到重庆中央训练团党政班第三期受训一个月，才取得国民党员和三青团员的资格，从此在三青团的地位迅速上升，7月，被指定为三青团临时中央干事，8月，又被指定为三青团江西支团筹备主任。

为了培养自己的干部，发展自己的力量，蒋经国行新政用新人，在赣州赤珠岭创办“三民主义青年团江西支团干部训练班”，当班主任，又从中央军校政治训练班1000名结业学员中录取72名学员。他把从苏联学来的一套群众运动的形式，与青洪帮江湖义气的精神糅合起来，在生活和训练中强调“效忠团长（蒋介石）”，“做团长耳目”，“彼此要建立兄弟般的团结”，“同心同德，患难与共”，不分男女，以“大哥”、“小弟”相称，造成一种“兄弟热”的气氛。这就是他大肆宣传的“赤珠岭精神”。蒋经国认为，要在赣州这么大的一个地方推行新政，没有一批好干部是不行的。为此，他开办三民主义青年团、江西青干班、赣州公仆学校、江西地方政治讲习院。

他还开办干部训练班，共办五期，每期一个半月，共训练干部 500 多人。蒋经国以这批干部为骨干，逐步挤走康泽在江西的三青团势力。他又开办“新赣南经济建设干部训练班”，自兼主任，由专员公署科长范魁书负实际责任，先后训练了数百人。1944 年 7 月，他在赣州虎岗办了一个青年夏令营，调训中专学生近千人，由他亲自主持，倡导所谓“虎岗精神”。此外，还兼任“正气中学”校长。1943 年 12 月，蒋经国被调到重庆，担任三青团中央干部学校教育长（校长是蒋介石）兼三青团组训处长，名义上仍兼赣州专员（由杨明代理）。这是蒋介石准备让蒋经国接管三青团大权的重要步骤。1944 年 1 月，蒋经国担任三青团中央干部学校教育长，并于 10 月参与蒋介石发起的 10 万青年从军运动，任青年军总政治部主任。

在大力宣传“赤珠岭精神”和“虎岗精神”期间，“训练班”和“青年营”也红火起来，甚至有人称它们为赣南的“黄埔”和“抗大”。

蒋经国主政赣南，外界评价甚高，有“战后政治看赣南”的说法，蒋介石也有耳闻，曾经拍发电报嘉奖。但蒋经国为其老子祝寿、贺选，搞什么“太阳节”，劳民伤财，令人作呕。后来，蒋经国不得不在《东望章贡合流》中，检讨自己短处多于长处，造成的过失多于成就。他说，自己在赣南得到了许多做人做事的经验，但是有许多经验，却付出了使人民受苦的代价。因此，他时时不安，同时也“因此而更尊重此种经验，并思用之于来日”，力求在将来服务期间，减少错误，使人民能够得到真正的利益。

1945年2月，日军攻占赣州，蒋经国乘飞机离开赣南，不战而“飞”，人走政息。

蒋经国的情人章亚若

蒋经国在赣南，章亚若的事是不能回避的，也是人们津津乐道的。在当时阶级斗争之弦绷得太紧的年代，我们调查蒋经国，说他做的好事，人们还有顾忌，揭丑之事，倒是敢讲。

章亚若，原名章懋李，1913年出生于九江市永修县吴城镇。四五岁时在家学习诗词、书法，并学着曹植作七步诗。六岁起，跟随做律师的父亲在南昌读小学，并自作主张将“章懋李”改成了“章亚若”。章亚若生得肌肤雪白，圆脸齐发，聪明活泼，能歌善舞。中学时代就显露出不凡的文采，是南昌女子中学的风云人物。15岁时，章亚若与18岁的表哥结为夫妻，后因性格不合，最终以丈夫吞金自杀而结束了这段婚姻。当时，章亚若上有年迈的婆婆，下有一双幼子。丈夫死后，一家四口的生活重担都压在了她的肩上。抗战开始后，章亚若一家四口逃难到赣州，住进大新开路42号。她虽是苦命的小寡妇，也是个有抱负有决心的爱国青年，决定参加抗日工作，听说干训班招生，她把两个小孩托付给婆婆，毅然报名三青团青干班第一期受训。

章亚若在干训班里最好的朋友是王升和桂辉。结业后，章亚若被分到专员公署的“抗日动员通讯社”工作，她秀丽文静、行止大方、外语流畅、写得一手好字。日机空袭赣州时，章亚若没有小姐的娇气，抢救伤员时弄得满身血污，蒋经国十分赞赏，指示报纸加以宣传，并亲拟新闻标题《往日游手吃闲饭，今日战场背伤员》。章亚若唱评剧的功力已臻职业水准，有时还在赣州城里票戏。某个星期六夜里，蒋经国听完她唱戏，还跑

章亚若

到后台称赞。不久，蒋经国调章亚若到秘书室做文书。章偶尔会到蒋家，教蒋孝文、蒋孝章做功课，与蒋方良彼此也认识。蒋章具有青年人的浪漫情感，私底下相处时，章称蒋“慧风”，蒋称章“慧云”。蒋经国只送过她一份礼物——在重庆旧市场买来的一面欧式镜子和粉盒，是想要照出章的美丽容貌。对这段秘密恋情，蒋方良却不知情。她从来不问丈夫公事，不和富商太太等有心攀附的人来往。

1941 年 9 月，怀有身孕的章亚若被秘密安排到桂林生产。为避蒋介石、蒋方良的注意，蒋经国以“赴广西考察县政”为名潜赴桂林。1942 年春节，就在蒋经国往桂林探视时，章亚若生下一对双胞胎男孩，据说，蒋介石按蒋家字辈为之取名蒋孝严、蒋孝慈。章亚若产后不久，蒋经国到西北出差。1942 年 8 月，蒋经国从西北回来。一个晚上，章亚若被人邀去喝酒，回来后，感到身体不适，被送进医院救治，不料，医生打下一针后离奇“病逝”。对于章亚若的死因，众说纷纭，到现在还是一个谜。

后　记

我参与秘密调查蒋经国在赣南的活动，并不知道当时高层的意图和大的时代背景。

60年代初，毛泽东亲自研究确定了中共中央关于台湾问题和对台工作的总方针。中央认为，台湾宁可放在蒋氏父子手里，也不能落到美国人手中。中共中央根据国际形势和海峡两岸的实际情况，适时提出：对蒋介石我们可以等待，解放台湾的任务不一定要我们这一代完成，可以留交下一代去做；现在要蒋过来也有困难，问题总要有这个想法，逐步地制造些条件，一旦时机成熟就好办了。台湾只要和大陆统一，除外交必须统一于中央外，所有军政大权、人事安排等均由蒋介石掌握，所有军政及建设费用不足之数悉由中央拨付；双方互约不派人员去做破坏对方的事情。中共中央领导人还一再表示：台湾当局只要一天守住台湾，不使台湾从中国分裂出去，大陆就不会改变目前对台湾的关系。1963年12月，周恩来就对台工作向有关人员提出：我们不会因自己强大而不理台湾，也不会因有困难而拿原则做交易，我们是从民族大义出发，从祖国统一大业考虑。

1964年初，江西省委秘密布置的调查蒋经国在赣南的活动，应当是接受了中央的指示。调查材料上交后，我一直守口如瓶。

离开赣南27年后的1972年，蒋经国出任台湾“行政院长”，实际上已经成为台湾的“一把手”（蒋介石因健康原因，已经不大管事）。赣南经验为蒋经国主政台湾提供了诸多借鉴。1975年4月蒋介石去世后，蒋经国任国民党主席。1978年5月当选为台湾国民党政府“总统”。1984年再度当选。

由一个留苏的热血青年到赣南主政，蒋经国的进步倾向较为明显，27

年后主政台湾，认真反思“二二八事件”、“中坜事件”（1977 年）及“美丽岛事件”（1979 年），相信“世上没有永远的执政党”，最后决心“结束专制”，毅然于 1987 年 7 月宣布解除台湾戒严令，并解除党禁、报禁和外交管制，确定了台湾朝向民主改革不可逆转的方向。他坚持一个中国的立场，反对台湾独立。1987 年 11 月，开放部分台湾同胞赴大陆探亲。蒋经国晚年的历史贡献是值得载入史册的。

纪事

我向澳督通报《澳门基本法（草案）》

宗光耀 *

1993年3月1日，澳门基本法起草委员会第九次全体会议一致通过《澳门基本法（草案）》，在送请全国人民代表大会审议前，我受委托，向当时的澳葡政府通报《澳门基本法（草案）》的有关情况，交换意见。当时，澳督韦奇立先生很重视，在他的会客室亲自与我交谈。我们寒暄了几句后，就转入正题。我先介绍了《澳门基本法（草案）》的有关情况。澳督听了之后说，《澳门基本法》的制定很重要，是澳门的大事，他一直很关注，每次公布的征求意见稿和此次通过的（草案）文本，他都仔细阅读过，对《基本法》的框架结构表示赞同，并对起草委员们的吃苦耐劳和认真负责的精神表示敬佩。随后，澳督问我，《澳门基本法（草案）》是不是最后的文本？还有没有修改的余地？我回答说，起草委员会已经正式通过《澳门基本法（草案）》文本了，不会再作修改，至于全国人民代表大会能否审议通过，那是人大的权力，我个人估计是会通过的。我已听出来澳督话中有话，便说了一句："不管怎样，总督阁下有什么意见和想法，请直言。"

我们的对话停顿下来了，我觉察到澳督的脸色变得有点儿严肃，他沉

* 宗光耀，曾任新华社澳门分社副社长、中央人民政府驻澳门特别行政区联络办公室副主任等职。

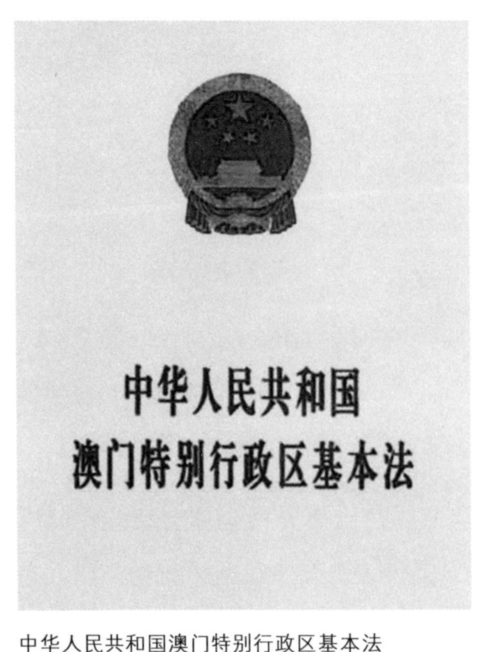

中华人民共和国澳门特别行政区基本法

思了片刻，开口说：“那我就直言了。葡方一直很关心《澳门基本法》的起草，也提出过一些意见或建议，有的还被采纳了。今天副社长先生能向我介绍情况，是对葡方、对我本人的重视和尊重，我很感谢。如果《澳门基本法》的文稿还可以修改的话，我想讲以下两点意见：

“第一个意见，序言写得不好。第一句话说澳门是中国的领土，这没问题。而紧接的第二句话就说葡萄牙占领了澳门。‘占领’两个字，既不符合历史事实，也违背了今天中葡两国的友好关系。中方领导人一再声称，解决澳门问题，不算历史旧账，着眼未来，向前看。而《澳门基本法》序言一开头就表现出要算历史旧账的架势。1999 年，我和我的同事都会离开澳门返回里斯本，而大批土生葡人怎么办呢？他们将成为‘侵略者’的后代，随时会受到惩罚，遭打击报复。他们的日子会很不好过，这是不公平的。”他接着说：“如果把‘16 世纪中叶以后被葡萄牙逐步占领’这句删除，序言就很完美了。”

澳督停顿下来，示意要听我的反应。

我说：“我刚才认真听了总督阁下的评论和想法。《澳门基本法》是依据我国的宪法，贯穿了中葡关于澳门问题的联合声明的有关条文和政策，并结合澳门实际情况而制定的体现‘一国两制’方针的开创性的法律。《基本法》的序言虽然很短，只有 345 个字，但内容却很丰富，它包括了三个主要内容：（一）澳门问题的由来和解决的历史背景。（二）我国对澳门的方针政策及其法律依据。（三）制定澳门基本法的法律依据和目的。就澳门问题的由来可以写一本很厚的书。序言的第一句话不仅明确了澳门的地理位置，指出它自古以来是中国的领土。为什么要强调指出‘自古以来是中国的领土，为什么长期以来我国未能对它行使主权，为什么在1999年12月20日才实现对澳门恢复行使主权，这究竟是什么原因？需要对这一历史背景作一个交代、简短说明。否则外国朋友和我们的后代就无法明白，为什么澳门‘自古以来是中国的领土，1999年才恢复行使主权’。序言的第一段用短短几句话回答了这一问题。至于16世纪中叶以后被葡萄牙逐步占领，这是历史事实，无需争辩。长达400多年的历史，用‘逐步占领’四个字一笔带过，既叙述了历史的真实面目，又充分体现了不纠缠历史旧账，维护中葡友好的格局。序言中用的‘占领’两个字，是相当中性的词汇，而没有用‘侵占’、‘侵略’、‘霸占’、‘掠夺’一类强烈的字眼。我不清楚葡文翻译使用的什么词，英语的译文规定使用‘occupy’，就如洗手间‘occupy’、座位‘occupy’一样，只表明暂时占住而已，不表明占住的行为是与非，也不表明占住的人是好人还是坏人。能想出用‘占领’这样中性的、温和的字眼概括澳门400多年恩恩怨怨的历史，是起草委员们的高度智慧和良苦用心。做到这一点并非轻而易举，更谈不上有日后打击土生葡人的伏笔。”

我看到澳督连连点头，我止住了话头。

澳督接着说：“我的第二个意见是，《基本法》没有明确未来澳门不设死刑，这是倒退，将会引起社会的议论，人心的不安。对此，我们曾提出过意见和建议。遗憾的是，终究未被采纳。”

对此，我作了如下回应：“关于设死刑或不设死刑的问题，在草委会上多次讨论过，大家认为死刑是一种刑罚概念，有没有死刑作为一项刑事政策，属于刑事立法的范畴，故应由特别行政区自行决定，并将决定反映在刑法典中。如果刑法典没有规定死刑这种刑罚，那就意味着废除了死刑。总之，1999 年后，澳门有没有死刑，这是特别行政区自治范围内的事务，要由特别行政区的刑法典来作出决定，中央不会干预。将来即使中国内地继续设死刑，并不等于澳门也一定要有死刑。一些西方国家，同是资本主义社会制度，有的设死刑，有的废除了死刑，甚至翻来覆去。我个人认为，如果将来社会平稳安定，也不会有人呼吁要设死刑。至于社会上有些议论，认为《基本法》不写明不设死刑是为了要在 1999 年后恢复死刑，这种看法是没有根据的。看来《基本法》颁布后，还有一个宣传、推广《基本法》的任务。”

澳督的脸上露出了笑容说：“你这样的理解、认识，我们就放心了。我也很赞成在社会上开展《基本法》的宣传活动。”

我带的任务还未完，我接着说：“《基本法》一旦获得即将召开的第八次全国人民代表大会的审议通过，新闻媒体会立即热闹起来，总督阁下也会成为采访的重点人物。届时，我希望总督阁下对《基本法》多美言几句。《基本法》对澳门过渡时期有何作用？肯定是记者们要问的问题之一。”澳督立即问我：“像这样的问题，你将如何应对？”

我说：“如果有记者问我，我的回答是：《基本法》的颁布标志着澳门已经进入后过渡时期。《基本法》虽然在 1999 年 12 月 20 日起正式生效、实施，但在后过渡时期，澳门社会的演变，澳葡政府制定的法律、法规、重大政策，都要与《基本法》相衔接、相接轨。”

澳督点了点头说：“明白了。”

1993 年 3 月 31 日，全国人民代表大会第八届第一次会议顺利通过了《中华人民共和国澳门特别行政区基本法》，包括三个附件、三个决定、一个建议以及澳门特别行政区区旗、区徽图案。并于当日由国家主席江泽民签署公布。

澳督在接受记者采访时高度评价了《基本法》，他说，《基本法》为澳门的未来勾画出清晰的框架，是未来澳门的法律依据；《基本法》的内容符合中葡联合声明的精神原则；葡文与中文同等地位，也是官方语言，体现了中葡友好和维护了土生葡人的利益。在回答《基本法》在过渡时期有何作用时，他说，《基本法》是在1999年政权移交后生效，但在过渡时期它会起到某种“指引”作用。

我们是大陆国家，喜欢用铁路的述语，如“接轨”、“衔接”，葡萄牙是航海著称的国家，习惯用“灯塔”、“指引”之类的字眼，其意思很接近。人民日报、中央电台、电视台等内地媒体对澳督给予《基本法》的评价，特别是“在过渡时期起某种指引作用”的提法作了突出报道和引用。记得在一次活动场合，澳督半开玩笑地对我说：“我对基本法的评价，相信你会满意了。”我说：“谢谢总督阁下的配合。我很欣赏你的‘指引’作用的提法。”

事隔多年，每当我回忆起这些往事，就觉得，澳门能够平稳过渡、顺利回归，主要是国家的强盛，中央的方针政策的正确，以及广大澳门同胞的齐心努力，当然和中葡友好，特别是当时的澳葡政府、澳督本人的合作和配合也是分不开的。

纪事

春江水暖鸭先知

——忆我国第一家中外合资饭店的建设

陈秀霞 *

我曾在美国大学获英文专业硕士学位，20世纪50年代初回国参加外交工作，亲身经历了“文化大革命”，目睹国家遭受的十年浩劫，全家受到冲击。改革开放之初，我犹如在黑暗中见到了曙光。有幸的是我不但从不白之冤中获得“解放”，还有幸参与我国第一家中外合资饭店——建国饭店的创建工作。

在改革开放思想指引下建造合资饭店

建造包括建国饭店等一批中外合资旅游饭店，正是在邓小平改革开放思想指引下进行的。

邓小平说：“中国的发展离不开世界，关起门来搞建设不行”，这是他对外开放思想的核心内容。他认为旅游业应先行一步，旅游事业大有文章可做。发展旅游可成为国际社会了解中国、走进中国、中国走向世界的捷径，可以引进外资创汇。在他的积极倡导下，中国向世界旅游者打开大

* 陈秀霞，曾在外交部、国家旅游局、中国记者协会等单位工作，曾任欧美同学会副会长、留美分会常务副会长。我国近现代教育家、第一届全国政协委员陈鹤琴之女。

门，海外旅游者蜂拥而至，单 1978 年全国旅游入境人数达 180.9 万人次，超过以前 20 年人数的总和，1979 年又猛增到 420.4 万人次。

但打开旅游大门后，我国面临的突出困难是接待能力严重不足，特别是北京住房最为紧张，而外国旅游者来华，80% 以上的人都要到北京，他们感觉如果不到北京等于没有到中国，而当时北京只有 7 家涉外饭店，5200 张床位，实际达到接待标准的仅 1000 张左右，而且基础设施、服务态度、管理水平都与国外星级宾馆相距甚远。庞大的旅游大军令北京的接待单位措手不及，许多外国客人一下飞机，不是立即安排住宿，而是被拉到景点去浏览，晚上再到饭店。北京实在无处下榻，就把客人送到天津、南京、上海等地。为解决旅游住房问题，除国家投资兴建和挖潜改造外，邓小平同志审时度势，提出要积极利用侨资、外资，建设一批具有国际水平的旅游饭店，加速发展旅游业。1978 年，中央指定谷牧、廖承志同志在北京京西宾馆主持召开各有关省、自治区、直辖市负责人会议，传达了邓小平同志关于“民航、旅游很值得搞”，“要以发展旅游为中心搞一个综合方案”，以及利用侨资外资建设旅游饭店、加快发展旅游业的指示精神，研究了具体落实措施。为加强领导，国务院正式成立了以谷牧、陈慕华、廖承志为首的利用侨外资建设旅游饭店领导小组，成员有计委、建委、外交、轻工、商业、外贸、铁道、交通、民航、财政、人民银行等有关部门的负责人。1978 年 8 月，在领导小组下设办公室（简称侨外资办），国家旅游总局局长卢绪章兼任主任，庄炎林副局长兼外资办常务副主任。办公室成员基本上是旅游总局的工作人员，下设谈判、会计、建筑设计、秘书等处，我被卢绪章点名任办公室谈判处处长。这完全是一项崭新的工作，无先例、无参照，我对财务又是一窍不通，对法律也是外行。只好依靠领导的指导和同事的协助，边干边学，总算没有辜负组织上的重托，比较顺利地完成了任务。

消除疑虑，去争取胜利

侨外资办的工作十分兴旺，我们十分繁忙、紧张。当我国要利用侨外资建造旅游饭店的消息一传开，许多侨商、外商认为中国旅游资源丰富，旅游饭店建设很有前途，均蜂拥而至。一年之内，侨外资办就先后同许多国家和地区的 120 多家侨商、外商进行了广泛的接触和商谈。其中有泛美洲际饭店公司董事长、菲律宾的马科斯夫人和她带来的马尼拉饭店总经理、泰国一位总理推荐来的一家饭店总经理、英美的许多大饭店老板如美国“五月花”饭店等；侨商则有霍英东、罗新权、陶欣伯等。这些重要的客人主要由卢、庄接待；邓小平同志还亲自会见了泛美航空公司董事长西威尔和洲际饭店公司的客人，其他外商则由我接触和商谈。

长期的封闭半封闭状态导致因循成规的现象比较明显，对于利用外资建造旅游饭店，从一开始就有不同看法或存有疑虑，一时议论纷纷。侨外资办组织了多次会议，对旅游饭店的合作方式、建筑设计、材料装修、经营管理、偿还能力等进行研讨和论证，经过反复摸索和可行性分析，大家逐步认识到利用侨外资建造饭店，可以解决国内资金不足和材料设备紧缺，可以学习国外建造和经营饭店的先进技术和经验，提高管理素质。侨外资办据此整理了关于利用侨外资建造旅游饭店的一些情况和问题，印发给人大代表等，介绍进展、解释疑问、提供咨询，以争取支持，减少阻力。

我们的工作一直得到邓小平同志的关怀、指示和廖承志同志的直接领导。据庄炎林副主任说，是廖公介绍美籍华人陈宣远给我们的，他是建筑师兼饭店经营者，也是第一家合资饭店——建国饭店的合作者。庄说，廖公告诉他：陈宣远早年在上海圣约翰中学读书，后来到美国定居，拥有饭店管理和建筑师双重身份，在美国设计并建造过旅馆，也经营、管理过饭店，如今拥有美国加州旧金山、帕洛阿尔托、拉古纳、帕萨迪纳四家饭店和布法罗（水牛城）的希尔顿饭店；他还有一个建筑事务所，对饭店的建设、经营和管理都颇有经验。更重要的是，他有强烈的爱国思想和报国心，愿意为国家尽力。廖公告诉庄炎林："宣远是我的远房表亲，他的为人我了解，他与我谈过在国内建饭店的事，举贤不避亲，当然，我只介绍，绝不插手，你们自己去谈。"

接着，我们联系上陈宣远并开始谈判。他为人坦率、友好。我留美前，曾在上海圣约翰大学上过一年学，因病辍学，陈宣远就和我拉关系说，"我们是校友"。后来我到美国，曾到他在旧金山蒙哥马利街的建筑事务所看望，也曾到布法罗城的希尔顿饭店住过。他在谈判中把他儿子和一位美国律师叫来。庄副主任和他们主要谈大的原则和合作构想，在大原则、条件谈完后，我负责落实具体的合同，我请来两位我国的律师，这两位律师不懂英语、具体搞工作的会计师不懂英文，我只好边谈边当翻译。我不懂法律、财务，只好找来中英对照的法律、财务词汇，硬着头皮干，我暗自想，如果我还有来生，我一定学法律，当律师。

陈宣远真心诚意想为国家做贡献。当了解到在以往和其他对方谈判中，中方皆因有人怕吃亏而未谈成时，他毅然做出让步，说："我看这样，我们签订合资方案，要按能让国内多方面都能够接受的条件来办。我的目的只有一个，就是能尽快在北京办成中国第一家合资饭店。"经过谈判，双方议定：双方合资 2000 万美元建设建国饭店，饭店共 528 间房间，其中中方占 51% 的股权，外方占 49% 的股权。双方合作 10 年，10 年后，外方将所拥有的 49% 股权赠给中方，也就是说中方 10 年后完全拥有饭店。同陈宣远同来的美国律师提出：按照美国法律，在国外投资是不能送的，白送就是违法，但可以有价转让，至于多少钱则没有规定，可以由业主双方商定。经双方商量后，确定此合资饭店经营 10 年后，陈宣远所占有的 49% 的股份以 1 美元转给中方所有。因此就有了"1 美元买一个饭店”的合同。这对中方十分有利，而且中方所出的 1000 万美元全部是低息贷款。香港上海汇丰银行等看好此工程，愿提供贷款，最后由该行在中国银行担保下提供了全部贷款。

接着，庄炎林签发了旅游总局呈送国务院的报告，就建造建国饭店的合作方式说明：由陈宣远负责筹集全部资金，分别作为双方贷款投资（中方占 51%，外方占 49%），共同合作建造经营，中方负责提供地皮、劳力和砂石料等（均计价收外汇），对方负责设计和进口材料、设备等。饭店建成后合营 10 年，总收入扣除支出和按期返本付息后，剩下的净得按照投资比例分配，合营期满，中方象征性地以 1 美元购得对方所有的股份，饭店全部归中方所有……

这样一个优惠方案，却遭到有些部门的反对，怀疑我方是否会赔本。国务院常务办公会议为此进行讨论，庄炎林列席。会议研究了庄炎林与陈宣远所做的可行性分析，以大量数据和事实，充分剖析建国饭店建设的利弊，弄清了建设建国饭店的必要性、可能性以及能为国家盈利的科学性、必然性。庄炎林说：“快则六七年，慢则八九年，建国饭店能够全部还本付息，还赚回一个饭店，只需花费 1 美元。”报告上呈，在 17 位中央领导手中传阅批示，邓小平态度鲜明：“要开展旅游就必须建造足够的上档次的旅游饭店。”陈云、李先念签字同意。中共中央主席兼国务院总理华国锋一锤定音：“建合资饭店我们没有经验，但可以试一试：搞好了，以后推广，搞不好，就此一个。”

1979 年 6 月，经国务院批准的第一批引进侨外资的旅游饭店有：北京建国饭店、长城饭店，和侨商霍英东合作的广州白天鹅宾馆，和陶欣伯合作的南京金陵饭店等 6 座共 5000 多间客房。

以北京市旅游局（副局长侯锡九代表）为一方，陈宣远为另一方签订合同，明确饭店的选地、拆迁、楼层、设计方案等。决定选在建国门外大街，这儿地处繁华，占地面积 1 万平方米，是理想的场地。当时碰到一个

1979年北京市旅游局与美国陈宣远签订建造我国首家合资旅游饭店——建国饭店时摄。前排，自左至右：上海汇丰银行代表、庄炎林、陈宣远、谷牧副总理、美国律师、卢绪章、李瑞环；后排陈秀霞（左二）、侯锡九（左三）

问题，即这块地的后面是外交部的宿舍楼，如饭店建高了就会挡住那些宿舍楼的阳光，只好在宿舍楼一方只建四层半楼房，以保证在全年太阳最短的冬至那天，阳光能照到他们的一层窗户；在无宿舍的一边也只建九层高的楼房。为此，当时还请教过李瑞环同志。陈宣远的设计方案五易其稿，才最终敲定。

1980年6月20日，建国饭店动工兴建，1982年4月28日建成开业。由于它纳入美国假日经营管理系统，生意兴隆，所以头一年赚150多万美元，第二年400多万美元，第三年800多万美元，第四年1500万美元，仅用了四年多时间就连本带息还清了汇丰银行的2000万美元贷款。10年后，建国饭店所创的利税等于赚了七八个建国饭店。

当然，我们和陈宣远的合作，是根据平等互利的原则，陈宣远从中也赚了不少钱。当年为了鼓励侨外资来我国，我们对建国饭店的税收采取“两免三减半”的规定。

根据 1980 年第五届全国人大第三次会议通过的《中华人民共和国中外合资经营企业所得税》第五条：“合营企业的合营期在十年以上的，经企业申请，税务机关批准，从开始获利的年度起，第一年和第二年免征所得税，第三年至第五年减半征收所得税。”即“两免三减半”的税收规定。

1984 年 7 月，经国务院批准，在全国推广建国饭店的经营管理方法，以改革我国饭店的管理工作。可以说建国饭店是中国旅游饭店的一面旗帜。在中国旅游饭店业的发展史上写下了光辉的篇章。

我于 1980 年 5 月被调回外交部，参加国际司主办的出席联合国讨论发展问题的特别联大代表团兼任新闻官。不久，我随丈夫陈辉赴世界银行工作至 1983 年回国。记得回京后，侯锡九副局长还邀请我去建国饭店参观，那精美的佳肴、一流的服务、优雅的楼厅使我又惊又喜。

接着，其他利用侨外资建造的旅游饭店如长城饭店、金陵饭店、白天鹅饭店等建成开业的喜讯相继传来。

杂忆

一曲杜鹃中波情

刘秀晨*

晚上，我坐在沙发上一边看报，一边听着肖邦热情奔放的钢琴曲。难度极大的演奏技巧，激昂澎湃的旋律不断地调动着我。倦意中又注入新的活力，让我荡漾在音乐带来的美好之中。我不是钢琴家，但我知道一个好的钢琴家如果不懂肖邦，不能准确完美地表达和诠释肖邦，就会被视为不可以。肖邦把钢琴的艺术表现力升华到空前的高度，几乎成为人类艺术很难逾越的高峰。钢琴乐章的流淌把我的思绪带到全国政协一次出访中……

出　　访

那是2006年初秋，我随全国政协民族宗教委员会出访波兰和匈牙利。我有幸作为回族委员和其他几个民族委员一起前往。临行前我们针对出访可能出现的问题作了一些准备，团长江家福曾是国家民委副主任，对民族工作有较深的了解和体验。在波兰华沙我们几次应邀与参、众两院的领导和议员座谈，气氛是积极活跃的。一次一个副参议长提出："你们有什么证据证明西藏历史上就是中国的一部分？"团长沉着应对，以充分的史

* 刘秀晨，第九、十、十一届全国政协委员。曾任九三学社北京市委副主委、北京市园林局副局长。

实全面圆满地做了答复，并说明我国政府对达赖的一贯立场，讲得有板有眼。这个议长听完介绍表示，能第一次当面听到中国官员这么完整详尽地讲解西藏问题非常难得，并对自己唐突提问表示了歉意。座谈会气氛一下子宽松活跃起来，一些议员不断提出对中国感兴趣的问题，我们也一一作答不拘一格。我们几个委员也都有机会从自己熟悉的领域谈一些看法，对波兰少数民族状况获知不少信息，彼此的感情拉近了许多。不少议员表示想到中国来看一看，交流生态、社会发展、农畜业的经验，看好中国在国际上战略地位和巨大的市场潜力，对中国表达了浓厚兴趣，尤其对筹办奥运会表示关注。

情　结

我在座谈中由衷地袒露了自己的看法：我从上中学就知道波兰并十分向往这个美丽的国度。哥白尼、居里夫人、肖邦作为波兰的骄傲，他们点亮了人类科学文化的明灯。我从事城市园林工作，了解到华沙的城市绿地之多在全世界名列前茅，甚为钦佩。后来又听说，“二战”期间波兰惨遭纳粹狂轰滥炸饱受重创。然而，波兰的城市规划师在奥斯维辛集中营被囚禁时，就满怀爱国激情策划华沙的战后重建，真是令人感动。今天能来到这座英雄的城市感受它的悲壮、凝重，并体验伟大音乐家肖邦超人的音乐天赋，实在是难得的机会。在这里不仅留恋于肖邦奔放的旋律，华沙老城、著名的美人鱼雕像、存放肖邦心脏的圣十字教堂，维拉努夫夏宫、瓦金基浴宫、充分展示波兰个性的皇家园林，这些城市文明同样是重要的佐证。静谧的宫苑在秋色和满地落叶的映衬之下多了几分安详和深邃。城市绿地无处不在，也许管理得并不精细，但越是这种不经意的树丛，越是给人以自然恬静和生态之美。维斯瓦河源头的南部城市克拉科夫，瓦维尔皇宫和山下的圣玛利亚大教堂，中欧最古老的亚哥龙大学和古商贸市场分

考察团成员与波兰议员合影（右二为江家福副主任、左一为本文作者刘秀晨、左二为刘文甲委员、右一为全国政协民宗委办公室副主任沈晓昭）

布其间的老城中心区，是世界级的旅游胜地，处处散发着中世纪文明的气息。我的这些考察心得引起波兰朋友的共鸣，更加感到两国在经济、社会和文化加强合作交流共同发展的互补性和迫切感。

午餐变舞会

当天中午参议院马洛克副议长和与会议员在一家不大的餐馆请我们吃饭，其实饭菜很简单，也表明了他们公务接待上的从简。但是餐馆里一架旧钢琴却引起了我的注意。席间双方都很尽兴，畅谈中波友谊和感想。我一阵心血来潮提出：小时候对波兰文化所知甚少，但一支民歌《小杜鹃》

却使很多中国人留恋至今，我虽然钢琴弹得并不怎么样，但愿意演奏这首歌曲，表达对波兰朋友的友情。议长很惊讶，同时兴致正浓，当他听到波兰众人皆知的“小杜鹃叫咕咕”的乐曲，激动地马上邀请随团的女同志跳起华尔兹（《小杜鹃》其实就是三拍子华尔兹），一场午餐顿时变成了即兴舞会。曲子虽短，议长却示意再多重复几遍，跳到尽兴为止，这场以小杜鹃伴奏舞会的形式结束的座谈会，最终给大家留下深刻的印象。离别时，大家都感到依依不舍。

肖邦曲盘传友谊

时隔一年后的 2007 年 6 月，波兰两院代表团回访中国。我应邀参加全国政协主办的欢迎酒会。那天我们都身着正装，像参加盛典一样步入酒会，席间与在波兰结识的老朋友以及新朋友畅叙友情，边吃边聊，饶有兴致。

作者和波兰小朋友在一起

晚宴即将结束，团长举起酒杯答谢盛情接待。突然，一个谁都没有预料的插曲发生了：他讲，你们的议员（委员）刘秀晨先生对我们国家的深厚情结，特别他即兴演奏的《小杜鹃》让我们感受到中国人民的真诚，和对我们一个小国的深度了解，我们十分感谢他，我受马洛克议长的委托特意带来一套肖邦钢琴曲的光盘赠送给他。瞬间我简直都蒙了，稍后又激动起来，在掌声中接过光盘深表谢意。

我在想，国际间的非政府交往除了专业考察交流，更多的则是加深了解交朋友传友谊。这就是人民外交，也是政协的优势。一曲《小杜鹃》留下的则是友谊的余音。

杂忆

语言文字工作趣闻

袁钟瑞

我从1986年起做语言文字工作，1991年初调到国家语委，主持普通话推广处工作整整16年，2006年底退休后担任中国语文现代化学会副会长兼秘书长至今。其间，亲历亲闻了许多关于语言文字方面的逸闻趣事。

“不亦乐乎”的读音

2005年4月28日，我在家里刚吃过晚饭，国家语委语用司司长杨光给我打电话：“老袁，有朋自远方来，是不亦乐（lè）乎，还是不亦乐（yuè）乎？”我回答：“是不亦乐（lè）乎。”“你说了不算，赶快告诉我几个大专家的电话！”我问：“什么事啊？这么简单的读音我说了还不行？”杨司长说：“刚才中办秘书局给袁贵仁同志来电话，问这个字的读音。袁部长问我，你赶快给我几个大专家的电话！”“哦，是这样。”我立刻翻出手机的通讯录，告诉他北京大学教授苏培成、王理嘉和国家语委原副主任陈章太、《现代汉语规范词典》主编李行健四位先生的家里电话号码。

我放下电话，又查了《现代汉语词典》《现代汉语规范词典》《辞海》，弄通了“不亦乐乎”的“乐”确实应该读lè，意思是“高兴”。不一会儿，杨司长又来电话告诉我说，苏、王、李三位先生都不在家，陈章太先生在家，陈先生也说这个字在这里应该读 lè。杨光同志又把电话打回秘书局，告诉秘书局的同志可以请教陈章太先生。秘书局的同志问“陈章太”是哪三个字，陈的职务、职称、学术方向、学术地位，是否在国际上有一定的影响。总之，问了个底儿掉！

第二天下午，电视直播胡锦涛同志会见中国国民党主席连战。锦涛同志在致欢迎词时有一句话：“中国有句古话——有朋自远方来，不亦乐（lè）乎？”

哦，原来昨晚问“乐”字的读音，是这么回事！看来，锦涛同志对规范读音是很看重的。

简化字“邓”的由来

从陕西省语委办主任岗位上退下来的张瑞泉先生，20 世纪 50 年代曾是中国文字改革委员会汉字组的工作人员。90 年代中期，瑞泉先生对我讲过这样一个故事。

1955 年，中国文字改革委员会起草的《汉字简化方案（草案）》呈送中央审批，绝大部分中央领导同志都画圈表示同意。唯独邓小平同志对担任文改会主任的吴玉章说：“吴老啊，你把汉字这么一简化，我都不认识了！”吴老说：“小平同志，你别说都不认识了，你对哪个字的简化有意见，可以具体地提嘛。”小平同志说：“别的不说，就说我这个‘鄧’字吧——左边一个‘丁’，右边一个‘阝’，不好看。第二笔往左边拐，第三笔还得回到右边写，也别扭。”当时的《草案》是把部件“登”类推简化成“丁”的，如“燈”简化成“灯”。吴老说：“那你看这个‘鄧’怎么简化好呢？”小平同志说：“‘鄧’字如果要简化，还不如写成左边一个‘又’，右边一个‘阝’呢。草书的‘鄧’就是左边写一个‘又’，‘又’的第二笔下边拐个小弯嘛。”

吴老将此事向周恩来总理汇报。周总理很慎重，问吴老："请你的工作人员查一下，宋版书上，'鄧'字有没有这样简化的?"吴老当时打电话给张瑞泉，张当即到图书馆查，果然在宋版书上看到有把"鄧"简化成"邓"的。总理立即让秘书将张瑞泉接到中南海，张当面将这册宋版书呈给总理看。总理看后放心了，但仍然十分慎重，将此事向毛泽东主席汇报。毛主席说："他姓邓的不是对这个字有意见吗？这个字听他的，其他的不变了！"

转年初，国务院公布的《汉字简化方案》中，"鄧"字简化成"邓"。

瑞泉先生说起当年这件事，仍然激动不已。

汉语拼音采用了罗马字母

今天我们已经实现了电脑的普及。回想起 57 年前，由于周有光先生的坚持，才使我们的汉语拼音字母采用了国际最通用的罗马字母。周先生说起这件事时，笑着说："当时，主张用汉字笔画式字母的人是大多数，也有人主张用斯拉夫字母，只有我和极少数人主张用罗马字母。毛主席最初也是倾向用汉字笔画式字母的。在会上，毛主席问我：'周有光，你到底赞成不赞成（我的主张)?'我不敢反对毛主席，我就不说话。毛主席再次问我，我还是不说话。毛主席见我不说话，就明白了，于是就宣布休会。会后，胡乔木同志到我家来问我到底是什么意见。我说，

本文作者（左）与著名语言学家周有光先生

我写过一本小册子《字母的故事》，你拿回去给毛主席看看吧。下次再开会时，毛主席主动提出，汉语拼音还是采用罗马字母好，国际通用。而且毛主席还说服别人同意采用罗马字母。”周先生笑呵呵地说：“毛主席借了我一本书，到现在也没有还！”

这件事思想起来，意义实在重大。如果今天我们的拼音用的是汉字笔画式的字母，或者是斯拉夫字母，或者别的什么字母，如何能够方便地使用国际通用的计算机键盘？如何方便地将中文的人名地名转换成国际通用的罗马字母？如何高效率地实现中国语文的现代化？外国人如何方便地通过拼音学习汉语和汉字？越想越觉得周先生有先见。

5% 的事

2001 年 1 月 1 日，《中华人民共和国国家通用语言文字法》开始施行。有一天，国家语委咨询委员会举行例会。会前，几位咨询委员闲谈，我作为工作人员在后排旁听。

北京大学教授陆俭明先生开玩笑说：“95% 的语言现象，老百姓都懂。所谓语言学家，不过是研究剩下的那 5% 而已。”大家也纷纷表示赞同。

开起会来，同是北大教授的裘锡圭先生发言说：“《国家通用语言文字法》颁布施行，是件大好事。可是这个法，不应该出现病句！”大家问哪句话是病句。裘先生说：“第二条：本法所称的国家通用语言文字是普通话和规范汉字。这句话就是病句。”陆先生说：“怎么是病句呢？”我和大家一样也愿闻其详。裘先生说：“应该是：本法所称的国家通用语言文字是指普通话和规范汉字。应该加个指字。”陆先生说：“我怎么觉得加上指字倒成了病句了呢？”我也觉得奇怪。

这时，坐在一旁的中国辞书学会会长曹先擢先生打趣说：“行了行了，这是 5% 的事，老百姓都明白！”大家哈哈大笑。

还有一次，国家语委全体委员会。张志公先生说起当年的洋泾浜英语，颇有微词。他说："那时候打篮球，界外叫 outside，界内叫 inside。你光说英语也无所谓，问题是两掺儿的洋泾浜。后卫使劲儿把球甩到前场，观众担心球出界，高呼"outside！"后卫大声说："out 不了 side！"

家伙什儿

上海市静安区检察院的检察长到北国哈尔滨出差。在宾馆总台登记入住时，女服务员见他穿检察院的制服，就问他"有家伙什儿没有"。这"家伙什儿"的发音是 jiāhuoshìr，可是检察长听成了 jiāwushìr，就回答说"我没有家务事"。女服务员说："谁问你家务事儿了，我是问你有没有家伙什儿？"检察长很不高兴："我是来出差的，我家在上海，在这里有什么家务事？"女服务员也不高兴了："我问你有没有家伙什儿，你怎么老打岔呢？"

事过很久，检察长对我说起这件事时还挺生气的："她为什么老追问我有没有家务事呢？"我在东北生活过，知道这"家伙什儿"是什么，就告诉检察长说，这女服务员是在问您带没带枪支，东北话的"家伙什儿"就是武器、工具的意思，比如打仗时枪是家伙什儿，收割时镰刀是家伙什儿，写字时钢笔、毛笔就是家伙什儿。检察长恍然大悟，哈哈大笑，但随后又问："她为什么不说普通话呢？"

是啊，宾馆的服务员面对外地客人，为什么不说普通话呢？

老太太说话都是先秦的古汉语

著名话剧表演艺术家薛中锐给我讲过一个小故事，说他在曲阜游览孔府时向路边一位老大娘打听路，先客气地打个招呼："大娘，您吃饭了吗？”大娘回答说：“食久矣。”艺术家一时没反应过来，不知老人家在说什么。后来经本地人点拨，才知道“食久矣”就是“早就吃过了”。艺术家感慨万分：“曲阜真不愧是圣人的故乡，连老太太说话都是先秦的古汉语，透着有学问哪！”

其实，并不是圣人故乡的老太太有多深的学问，而是各地方言或多或少地都保留着一些古汉语语音、词汇、语法的痕迹。我当年下乡在东北，村里老乡管我们集体户的食堂叫“膳房”，我们听了很高兴，因为“膳房”和皇上的“御膳房”只差一个字。如今的粤方言、闽方言都较多地保留了中古汉语的特点，用粤方言、闽方言朗读唐诗最能体现唐诗本来的韵律。我曾问厦门大学一位研究方言的老教授：“能不能认为，李白、杜甫当年说话就是今天闽南话这个味道呢？”教授想了想说：“大概可以这么说吧。”

为什么方言保留古汉语的成分比较多呢？我想，在人们“张袂成阴、挥汗成雨、比肩继踵而在”的繁华都市，本地话与各地方言甚至其他民族语言、外国语言都相互碰撞、相互影响，相互渗透，语言的发展变化是很快的，而偏僻的乡村山区靠山吃山，靠水吃水，极少与外界沟通，特别是自然条件特别好而交通又十分不便的江南水乡和东南丘陵地区，自给自足的自然经济尤其完善，衣食住行用不着跟外界打太多的交道，像老子所言：“鸡犬之声相闻，民至老死不相往来”，外界发生了什么事儿全然与己无关，跟陶渊明在《桃花源记》里描述的一样，“乃不知有汉，无论魏晋”。因此，这里的语言自然也跟与世隔绝差不多，一辈一辈地就把古代祖先的语言比较完整地保存了下来。各种南方方言流通的地域都比北方方言地域小得多，最能说明北方自古以来一直是中华的政治、文化中心，交通便利，城市繁荣，人流频繁，且多战乱，多灾荒，民间的起义和逃荒逃难和官方的大规模移民都造成方言的大交错和大融合，因此北方的方言内部一致性范围远远大于南方地区。这恐怕就是北方方言区的地盘十分广大，“从南京到北京，人生话不生”的基本原因。

“不能去，不能讲”

1988 年我第一次到广州。我陪着十几位老同志登白云山。山虽不高，但爬起来还是挺累的。我们坐在路边喘气，翻看公园导游图。咦，有索道，就是北方人习惯称的缆车。何不乘缆车上山？我站起来，向迎面走来的一位老先生问：“您好，请问缆车在什么地方啊？”老先生十分热情地告诉我：“lǎncē 很方便，向前走，一拐弯。”

我顺着老先生手指的方向走过去，一拐弯儿，嘿，敢情是男厕！

原来，广州人习惯叫索道，不叫缆车。我问缆车，老先生以为我要找男厕所呢！

1994 年 4 月，我到宁波调研。宁波市一位领导告诉我一个笑话。

宁波市某副市长接待台湾记者。记者问：“请问副市长先生，宁波的经济发展得这么快，靠的是什么？”副市长用浓重的宁波口音回答说：“我们一靠政策，二靠机遇。”但记者听成了“一靠警察，二靠妓女。”很惊讶地问：“嗯？怎么，你们就不抓妓女吗？”副市长回答说：“好的机遇，要抓住不放！”但记者听起来，却是“好的妓女，要抓住不放”！

还有一个小故事。一个人问另一个人在哪里工作，那个人回答：“不能去，不能讲（音 gǎng）。”问的人很奇怪：“哦，还保密呀？”回答：“不保密！就是不能去，不能讲！”后来才弄懂，是“北仑区、北仑港”。

转年春节，宁波电视台的春节晚会上，把这两个笑话编进了一个小品，笑翻全市观众。

老舍先生是深受人民爱戴的文学大师，他的作品脍炙人口、深入人心。绝大多数人把“老舍”读作“老 shě”，也有人说应该读作“老 shè”。究竟该怎么读呢？

一次，我参观中国现代文学馆。我问陪同我们参观的馆长舒乙先生：

“请问令尊大人的笔名是老舍（shě）还是老舍（shè）呀?”

舒乙先生回答说：老舍先生生前声明过“老舍”应该读作“老 shè”，北京人艺的老一辈导演和演员都是称他为“老 shè”的，可是群众都习惯地读成“老 shě”了，倒也不必一一去更正了。

“舍”字有两读。读 shě 时是动词义，意思是“舍弃、施舍”，它的对应繁体字是“捨”，如“捨棄、施捨”；读 shè 时是名词义，意思是“房舍、宿舍、寒舍、舍间、舍弟”，这个意思的“舍”没有对应繁体字。

老舍先生本名舒庆春，字舍予（“舍予”由“舒”拆开而来），“老舍”是他于 1926 年发表第一部长篇小说《老张的哲学》时开始采用的笔名。那时是繁体字时代，在出版物上，“舍”和“捨”的读音和字义都是严格分开的。从字面上讲，“老舍”有“老房子”的意义，而“老捨”的字面意义是“老是捨棄”，很是不通。因此“老舍”应该读作“老 shè”。

学问大家也认不出

一次会议上，有十几位著名语言学家都在场。会议室墙壁上悬挂着一幅草书书法，写的是王维的《山居秋暝》：“空山新雨后，天气晚来秋。明月松间照，清泉石上流。竹喧归浣女，莲动下渔舟。随意春芳歇，王孙自可留。”字迹十分潇洒，潇洒得几乎无法辨认。如果平时没有背诵下来，是很难蒙下来的。

几位先生边读边欣赏书法。可巧，这几位先生谁也没有把全文背诵下来，所以到了潦草到极点的“喧”字，竟然都读不下去了！

我向来没有背诵大量唐诗的本事，自然，我也没有认出这个书法艺术水平特别高的“喧”字。不过我从此心安理得了——敢情认不出草书，不算丢人，不是连这几位学问大家也没有认出来吗?

珍藏

张治中、梁漱溟手稿

张治中

梁漱溟

张治中（1890—1969），原名本尧，字文白，安徽巢县（今巢州市）人，著名爱国将领。新中国成立后，历任西北军政委员会副主席、全国人大常委会副委员长、国防委员会副主席、中国国民党革命委员会中央副主席等职。著有《张治中回忆录》。

梁漱溟（1893—1988），原名焕鼎，字寿铭，广西桂林人，著名的思想家、哲学家、教育家、社会活动家、爱国民主人士。历任第一、二、三、四届全国政协委员，第五、六届全国政协常委。著有《东西文化及其哲学》、《乡村建设理论》、《中国文化要义》、《人心与人生》等。

三访被幽禁的張学良

張治中

我同张汉卿先生早不认识，在他易帜（一九二八年）以后才相熟。我喜欢他说话爽快，待人热诚，他也很看得起我。他每次到南京，我们都有往还，后来就成为很要好的朋友。在西安事变以后，我钦佩汉卿的胆量义气并同情他的遭遇，所以一有机会总想去看看他。从一九三六年汉卿被拘之日起到一九四七年十年间，我看过他三次，这三次会见的情形回忆如下：

第一次会见：一九三六年十二月二十六日张汉卿送蒋到了南京，住在南京鸡鸣寺宋子文公馆，警卫森严，我同

25×20=500

61

张治中手稿：三访被幽禁的张学良（一）

1.

拘禁。大概是他到南京后三几天，我已经知道他是不能再回西安去了。我当时到宋公馆去看他，他当时已有所觉察，表现很不安。他说他希望即日返回西安，否则西安方面会发生事故，他请我向蒋转达他的意见。我一面表示对他同情，一面安慰他不要着急。有些话我也不好明讲，只是空话安慰他一番即告辞而别。

第二次会见：时间是一九三八年八、九月间，那时抗战已爆发年余，武汉已在吃紧，我在湖南省当主席，张汉卿那时拘禁在湘西沅陵县城对河的一个寺庙里。我因到湘西去视察，所以特意到沅陵去看他。寺庙不大，在一个小

张治中手稿：三访被幽禁的张学良（二）

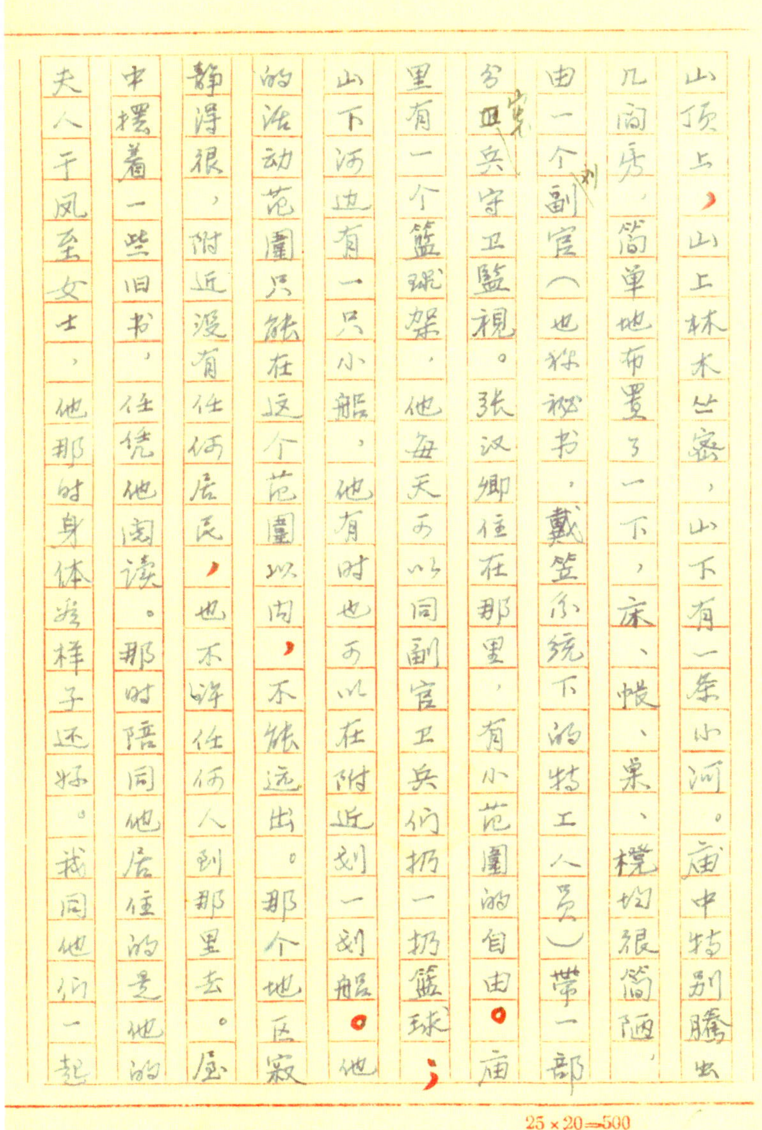

山顶上，山上林木芒密，山下有一条小河。庙中特别腾出几间房，简单地布置了一下，床、帐、桌、櫈均很简陋，由一个副官（也称秘书，戴笠系统下的特工人员）带一部分宪兵守卫监视。张汉卿住在那里，有小花园的自由。庙里有一个篮球架，他每天可以同副官卫兵们扔一扔篮球；山下河边有一只小船，他有时也可以在附近划一划船。他的活动范围只能在这个范围以内，不能远出。那个地区寂静得很，附近没有任何居民，也不许任何人到那里去。屋中摆着一些旧书，任他阅读。那时陪同他居住的是他的夫人于凤至女士，他那时身体的样子还好。我同他们一起

25×20=500

张治中手稿：三访被幽禁的张学良（三）

4

等他一个时期以后再说。

第二点，他用极小的声音对我说，惟恐被那副官听见。他说那个副官也带着家眷，还有几个孩子，同他住在一个房子里，副官对他的生活名为照料，实际干涉的地方很多，孩子又吵闹，既不方便，又不安静。他希望能让副官搬出他的房子，他的生活由他自己管理，以保持一定的自由和清静。

我答应了他的请托，并保证一定能够向蒋宋说到。

张汉卿在井上的日常生活仍是小花园的自由，可以在屋内屋外自由活动，打打篮球，洗洗温泉澡。他的屋里摆

张治中手稿：三访被幽禁的张学良（·四）

記彭翼仲先生——清末愛國維新運動一个極有力人物

梁漱溟

一 前言

凡自幼居住北京而年在六十以上的老輩人，一提到"彭翼仲"三字，大概没有不耳熟的。其人其事雖已過去五十多年了，而在不少人中间仍然留有印象。他于一九〇二年為北京社會首創了第一家民間報紙，随後又陸續出版了兩种報紙，倡導愛國反帝和維新改革運動，遭受摧殘，身被重罪，如我後文所述。然而今天查阅那些講到中國報紙歷史的各書，或則漏掉不提，或則止于提及報名，或雖則言及某報被封，某人被罪，却又错謬不合。至于其所從事的社會運動曾有若何影响成效，就更無隻字道及。

我查阅的計有下列各書：

1.《中國報學史》戈公振著，一九二七年初版，解放後有三聯書店一九五五年新版。

2.《中國新聞發達史》蒋國珍著，一九二七年世界書局出版。

3.《中國新聞事業》黄天鵬著，一九三二年現代書局出版。

梁漱溟手稿：记彭翼仲先生（一）

之

4. 中国现代报刊史讲义，——廿 中国人民大学新闻学系教研室编稿。

5.《中国近代出版史料初编》，——七 张静庐编，中华书局出版。

就这些书来看，对于过去各地报纸记的较详。还要算戈着《中国报学史》原书第四章题为"民报勃兴时期"，在北京出的日报方面首列《京话日报》，画报期刊方面首列《启蒙画报》，而于《中华报》亦没有漏掉，这就很对。戈着把中国民间自出报章标为"民报"以别于官报和外报——外国传教士或洋商办的报，这种分别亦极好。官报、外报、民报其背景立场本来是迥然不同的。例如不加区别的话，北京之有近代报纸，日商《顺天时报》还早于《京话日报》，但那是有日本帝国主义作背景的，别有作用的。北京有官报则更早。唯独从中国的民间立场来说，彭先生之在北京办报乃具有首创精神，不容埋没。

然而戈着对于彭先生之被罪和他的报纸如何被封，却又言之错误，如原书说：

光绪三十二年《中华报》以登载军机大臣瞿鸿禨卫兵抢掠事被封，主笔杭辛斋、彭翼仲递解回

梁漱溟手稿：记彭翼仲先生（二）

籍。”

這里《中華新報》實為《中華報》之误。光绪三十二年(一九〇六年)，當時北京並沒有什麼《中華新報》，而且向来軍機大臣在京亦未聞有什麼衛兵，更沒聞的衛兵搶掠之事。當時彭先生所办《中華報》和《京話日報》同時皆被封，實别有其原因，如我後文所述。彭杭二公最初定罪雖同是遞解回籍，嚴加禁錮，但後来只杭公遞解回籍，彭先生則是發往新疆監禁十年。所以戈著說的大多不對。

戈著所說，有的是對，有的是不對。其他各家則更疏漏或有误，尚不及戈著。這就使得我今天不能不来寫此一文了。

我和彭先生的關係非同泛泛，是有責任来作此記述的。他和我先父從年輕便交好，換帖訂盟如兄弟。因為交好彼此又作了兒女親家，他的長女就是我的長嫂。在办報的同時，他又办了“蒙養學堂”，親自教育兒童。學堂同報館即設在一處(前门外五道廟路西)，我就是那里的小學生，課餘常常看到排版印刷《啟蒙画報》，便是我自幼心愛的讀物。一九四二年在桂林我五十歲時曾寫過一篇“我的自学小史”，敘說我既沒

梁漱溟手稿：记彭翼仲先生（三）

种報纸的《中華報》之办起来是另外因缘凑成。當一九〇四年秋《京話日報》销路擴大，原有印刷力感到紧张，適有廣东人朱淇要举办一个大型報紙叫《北京報》①，来与彭先生商量增加機器設備和工人，給他代办印刷。既經簽訂合同，接受他的委託和資金，乃知他是以"德商"申請登記的，似另有背景。這就与彭先生在思想上不大投契，卒于言語鬧翻，取消了合同。而機器設備和技工多人却已從天津到達北京，不能退回。于是自己才加办了第三种報紙，並特定名《中華報》。因他久已厭聞北京市面上把他的報纸叫为洋報，所以要如此定名，而一面恰亦有懲于朱某之事而出此。彭先生末後不容東交民巷託庇于外人勢力，蓋早決定于此時了。——以上应補入本文。

①《北京報》後来在北京出刊很久，從光緒末年到宣統年間以至民國初年。

梁漱溟手稿：记彭翼仲先生（四）